핫한 이슈 속 돈 버는 주식테마 찾기

테마주
투자전략

테마주 투자전략: 핫한 이슈 속 돈 버는 주식테마 찾기

©최택규, 2021

1판 1쇄 인쇄__2021년 4월 20일
1판 1쇄 발행__2021년 4월 30일

지은이__최택규
펴낸이__홍정표
펴낸곳__글로벌콘텐츠
　　　　등록__제25100-2008-000024호

공급처__(주)글로벌콘텐츠출판그룹
　　　　대표__홍정표 이사_김미미 편집__하선연 문유진 권군오 홍명지 기획·마케팅__이종훈 홍민지 홍혜진
　　　　주소__서울특별시 강동구 풍성로 87-6
　　　　전화__02) 488-3280 팩스__02) 488-3281
　　　　홈페이지__http://www.gcbook.co.kr
　　　　이메일__edit@gcbook.co.kr

값 17,500원
ISBN 979-11-5852-322-0 13320

핫한 이슈 속 돈 버는 주식테마 찾기

테마주 투자전략

최택규(솔지담) 지음

글로벌콘텐츠

머리말

영화의 한 대사처럼 "주식 뭣이 중헌디?"

과연 주식에서 무엇이 중요한가? 참으로 어렵고 복잡한 질문이다.

생각의 차이가 백 갈래 천 갈래인데, 딱 이것이 정답이라고 말할 수 없기 때문이다. 주식은 반복된 학습과 경험을 통해 하나하나 깨우쳐 나가는 과정이라고 생각한다. 지금 이 책을 손에 쥔 분은 주식을 하고자 가슴 속 깊이 큰 뜻을 품은 분이거나, 현재 주식을 열심히 하고 있는 분일 것이다.

솔지담이 여러분들께 묻고 싶다.

왜 주식을 하려 하는가?

그리고 과연 주식을 할 때 무엇이 가장 고민이 되는가?

아마 하고픈 말이 많을 것이다. 그리고 여기 저기에 많은 질문을 하고 싶을 것이다. 솔지담이 주식을 리딩하고 상담하면서 많은 분을 만나본 결과, 대부분 공통된 고민을 갖고 있다. 매수하는 시점(방법), 매도하는 시점(방법), 아니면 목표가 잡는 방법 등등...

주식을 시작하거나 매매를 하다 보면 가장 어려운 문제이다. 이러한 문제와 고민을 해결하기 위해 참으로 많은 것을 참조하고 공부할 것이다. 이런 일련의 노력 과정을 통해 수익을 내면 좋으련만, 수익을 내는 일 역시 쉽지 않다는 것을 대부분 경험하였을 것이다.

'과연' 나의 잘못된 생각과 전략이 무엇인지? 스스로에게 묻고 또 묻고 반복하는 일련의 과정을 거친다.

지금 이 순간에도 수익을 내기 위한 방법을 찾고 있는 여러분들에게 솔직담백한 경험을 담은 이 한 권의 책으로 작은 희망과 열매를 드리고 싶다.

필자의 경험상 안정적 수익을 내기 위한 가장 빠른 길은 허황된 기대감을 버리고 기본에 충실한 매매를 하는 것이다. 다시 말해서 단기적인 욕심을 가지고 장 중에 급등하는 종목을 쫓는 매매를 하는 순간, 스스로 어려운 주식의 길로 들어 서는 것이다. 장 중 급등주를 쫓는 초단타 매매는 실력이 있는 몇몇 고수의 영역이지, 일반 개인 투자자들이 따라하기에는 많은 실력과 능력의 차이가 분명 있다.

주식은 단거리 경주가 아닌 장거리 경주이기 때문에 요행이 있을 수 없다. 따라서 지속적으로 안정적 수익을 얻기 위해서는 기본에 충실한 매매 전략을 세워야 한다.

또한 주식은 어렵고 복잡하게 접근하는 것이 아니라, 상식적인 사고로 일상 생활에서 힌트를 얻으면서 종목을 찾는 노력도 필요하다.

아프리카 속담에 "빨리 가고자 한다면 혼자 가고, 멀리 가고자 한다면 함께 가라."라는 말이 있다. 주식 역시 단기적인 접근이 아닌 장기적인 사고와 전략으로 임해야 하는 외로운 심리 게임이다. 따라서 주식을 하는 투자자라면 항상 주변에 합리적인 조언과 지식을 줄 사람이나 책이 있어야 한다. 주식은 불특정 다수의 투자자들과 나와의 외로운 심리 게임이라고 생각한다. 쓰나미처럼 넘쳐나는 정보와 지식 속에서 나만의 매매 전략을 만드는 것은 기본이며, 한발 더 나아가서 나와 다른 생각을 갖고 있는 정보나 지인의 의견도 취사 선택해서 나의 것으로 만드는 노력과 지혜가 필요하다. 그래야만 실수를 줄이고 수익을 늘릴 수 있는 기회가 많아지는 것이다.

영국 태생의 배우, 감독, 영화음악가 등 다양한 프로필이 있지만, 우리에게는 20세기를 대표하는 코미디언으로 유명한 찰리 채플린(Charles Chaplin, 1889. 4. 16 ~ 1977. 12. 25)의 명대사를 주식하는 분들에게 소개해 주고 싶다. **"삶은 가까이서 보면 비극이요, 멀리서 보면 희극이다."**라는 명대사가 있다.

솔직담은 이 글귀를 주식투자자들이 주식을 할 때 가슴에 새겨 두거나 모니터 위에 적어 두기를 권해 드린다. 필자는 주식투자자들이 많은 생각과 고민 끝에 매수한 종목이라면, 그 종목에 대한 믿음을 갖고 기다리는 노력을 해야 한다고 생각한다. 종목을 매수하고 초조한 마음으로 하루하루 단기적 변동에 일희일비(一喜一悲) 한다면, 주식을 안 하느니만 못한 결과를 낳을 수도 있기 때문이다.

장거리 경주인 주식이라는 게임에서 항상 이길 수는 없다. 다시 말해서, 100% 확률의 수익은 절대 있을 수 없다. 그렇다 보니 손실을 보는 경우, 정신적으로 혼돈과 고통을 겪을 수 있기 때문에 주식을 할 때는 항상 담대한 마음을 갖고 종목과 시장에 대응해야 한다. "매수한 종목을 단기적인 시각으로 보면 불안할지 모르지만, 중장기적으로 보면 희망이 있다."라는 믿음을 가져야 한다. 즉, 종목에 대한 믿음이 있어야 한다. 종목에 대한 믿음은 시작부터 달라야 한다. 다시 말해, 생각(준비) 없이 종목을 선정하는 것이 아니라, 재무제표, 수급, 추세, 보조지표 등을 확인하고 종목을 매수해야 실수를 줄일 수 있고, 그런 일련의 과정을 거쳐서 매수한 종목은 대부분 우리를 실망시키지 않는다. 따라서 그런 종목은 믿음을 갖고 기다리며 "반드시 수익을 안겨 준다."라는 생각을 하면, 생각대로 되는 경우가 많다.

"주식 뭣이 중헌디?" 결국 주식시장에서 가장 중요한 것은 믿음이다. 나에 대한 믿음, 매수한 종목에 대한 믿음, 그리고 서두르지 않고 기다리는 연습 과정이 필요하다.

솔지담은 이런 말을 해주고 싶다.

"오늘도 나의 보유 종목들이 나에게 수익이라는 기쁨을 주지 않더라도, 나는 앞으로 다가올 상승을 기다리는 연습 과정 중이고, 이러한 일련의 과정이 나를 강하고 담대하게 만드는 것이다. 그리고 결국에는 기다림 속에서 행복과 수익이 다가올 것이라고 믿는다."

성공 투자를 위해 노력하고 준비하는 여러분은…
시장의 흐름을 이해하고 종목을 지배하는 멋진 투자자가 될 것입니다.
그런 여러분들을 위해 솔지담이 힘껏 도와드리겠습니다.

솔지담은 많은 개인 투자자분들의 성공 투자를 기원하며, 가정 내 행복과 건강이 함께하시길 진심으로 기원합니다.

주식을 시작하는 당신에게

　주식을 이제 막 시작하려는 분은 물론 주식을 몇 년, 몇십 년을 한 분들이라도 주식투자라는 것이 참으로 오묘한 심리 게임이라는 것을 잠시만 매매를 하게 되면 알게 될 것이다. 2020년 코로나 대유행 이후, 증시는 저금리와 유동성에 힙입어 어지간한 종목들이 다 상승을 하였다. 신풍제약을 비롯한 몇몇 종목들은 급등에 급등을 하였고, 삼성전자, 현대차, 카카오, 엔씨소프트, LG전자 등 대한민국 대표주들도 폭발적인 상승을 보여 주었다. 주식시장이 쉼 없이 상승하는 강세장에서는 속된 말로 눈감고 매수를 해도 수익을 주는 시장이 몇 년에 한 번씩 온다. 이런 강세장에서 주식투자를 하다 보면 자신도 모르게 자만(착각)에 빠지게 되면서, 혼잣말로 "주식 별거 아니군."이라고 착각을 하게 된다.

　이런 상황이 대부분의 개인 투자자로 하여금 쓰디쓴 실패를 하게 만드는 시기이기도 하다. 왜냐하면 노력과 실력이 아닌 단순한 시장의 영향(엄청난 상승 랠리)으로 쉽게 돈을 벌다 보니, 하락장의 무서움을 잊고 투자 자금을 늘리면서 하락 시 낭패를 꼭 한 번 이상은 경험하게 된다. 주식이라는 것은 굴곡진 인생사와 같아서 상승과 하락을 반복하기 때문에 일반 투자자들은 그 타이밍을 잡기가 쉽지 않다. 그만큼 주식투자는 만만한 대상이 절대 아니다.

　즉, 주식투자를 할 때는 경계하면서 신중하게 접근해도 이길까 말까 한 게임이다. 그래서 주식시장이라는 전투에 참가하기 위해서는 유비무환(有備無患)이라는 단어를 항상 머릿속에 넣어 두어야 한다. 주식이라는 게임은 수익 극대화를 위한 자신과의 싸움이자, 600만 불특정 다수의 투자자와 심리적 고뇌를 하는 수 싸움이다. 그래서 매 순간 최선의 노력을 다해야 하지만, 한편으로는 위험 관리에도 철저하게 대비해야 한다. 투자자들은 수익을 위해 매 순간 열정과 노력을 바치지만, 항상 수익을 볼 수는 없다. 수익 난 것을 잃는 건 한 순간이기 때문에 어찌 보면 수익 내는 것보다 위험 관리가 더 중요한 전략이라고 강조하고 싶다.

위험 관리가 왜 중요한지 예를 하나 들어 보겠다.

총 투자금 100만 원이 있다고 가정하자. 100만 원으로 한 종목을 사서 하루 만에 10% 수익을 보면, 나의 계좌에는 110만 원으로 불어나게 될 것이다(각종 수수료 제외). 그런데 다음 날 수익 난 투자금 110만 원을 전액 다른 한 종목을 사서 10% 손실을 보았다고 가정하면, 나의 계좌에는 99만 원으로 줄어들게 된다. 다시 말해서, 똑같은 10% 수익과 손실인데 계좌는 바로 마이너스가 된다는 점이다. 이렇듯 수익보다 손실 폭이 커지기 때문에 수익을 내는 것도 중요하지만, 손실을 줄이는 매매 전략이 더 중요하다는 것이다.

필자는 주식시장을 살벌한 정글로 표현하고 싶다. 왜냐하면 주식시장은 피도 눈물도 없는 냉정한 시장이기 때문이다. 직접 매매를 하다 보면 경험하게 될 것이다. 신중에 신중을 기해 한 종목을 매수했는데, 한순간 몇십 퍼센트의 손실은 물론 갑작스러운 시장의 급락으로 일주일 만에 30~40% 손실 나는 종목을 만나게 될 것이다. 이런 경우 손절(매도)할 타이밍을 놓치게 되면, 대부분 개인투자자들은 손실 중인 종목을 품고 몇 달, 아니 몇 년을 보유하게 되는 경우가 비일비재(非一非再)하다.

무리한 투자와 욕심으로 감당할 수 없는 지경까지 이르게 되면, 즉 시장의 악 영향으로 종목의 본질 가치와 무관하게 긴 시간 동안 큰 하락을 하다 보면, 어쩔 수 없이 회복하는 데 많은 시간이 필요하고 그런 여유가 없는 투자자들은 개인의 아픔을 넘어, 가정 내 갈등, 현실 도피, 이혼, 그리고 극단적인 경우에는 자살까지도 매스컴을 통해 접하게 된다.

주식이라는 것이 시장에 퍼지는 루머, 찌라시, 그리고 작전(세력) 등의 뉴스를 자의든 타의든 귀동냥하게 되고, 이런 것들을 제대로 분석하고 대응하지 못하면 자기 스스로 무덤을 파고 실패하게 된다. 한편으로는, 자신과 무관하게 시장의 영향(하락장 또는 급락장)으로 실패하는 경우도 있다.

예를 들면, 1929년 대공황, 1987년 10월에 발생한 블랙 먼데이(Black Monday)가 그것이다. 이 당시에는 다우지수가 하루에 20% 이상 급락하면서 모든 투자자가 패닉에 빠졌고, 그 패닉이 우울증과 자살로 이어진 뉴스가 참 많았다. 그리고 1997년에는 우리나라가 직접 경험한 IMF, 이 당시에는 어지간한 은행 증권주들이 달랑 5백 원까지 떨어질 정도로 극악 공포의 시간을 보냈다. 이 시기에는 무대응이 효율적인 대안이 될 정도로 하루가 지나면 급락, 하루가 지나면 급락이 되면서 몸과 마음이 피폐해질 수밖에 없었다.

책이 출간되는 시점(2021년 상반기) 즈음하여…

미국은 바이든 정부가 들어서면서, 트럼프로 인한 국론 분열, 코로나 대응 및 경제 회복, 그리고 중국과의 관계 설정을 어떻게 풀어 나가는지 체크해야 한다. 특히 유럽의 불안, 코로나로 인한 남유럽과 북유럽의 갈등으로 제2의 브렉시트 가능성을 조심해야 한다. 신흥국과 중국은 금리인상 시점에 자산 버블로 인한 증시 충격 등도 대비해야 한다.

2020년은 저금리와 풍부한 유동성에 힘입어 증시는 물론, 원자재 시장, 곡물 시장, 비트코인 가격 폭등, 그리고 골동품까지 상승할 정도로 돈의 가치가 하락을 하면서 돈 되는 것은 상승을 넘어서 거품을 보였다. 따라서 2021년은 급등에 따른 부작용으로 일정 부분 되돌림이 나올 것이다. 만약, 큰 폭의 하락장이 온다면 분명 저점에서 매수(투자)할 기회의 장이 될 것이다. 그리고 2022년 대선을 1년 앞두고 많은 정치인 테마, 정책 테마가 기승을 부릴 것이다.

본서의 핵심 내용은 크게 두 가지이다.

첫 번째는 "투자의 큰 맥 짚기"이다. 즉 하루 하루 매매를 통한 수익 창출이 아닌, 1~2년 투자를 통해 제대로 된 수익을 창출하자는 것이고, 두 번째는 "5년마다 찾아 오는 대선 테마를 활용"하자는 것이다. 2022년 대선 주자를 발굴하고 준비를 통해 생각 이상의 수익을 챙기자는 것이다. 주식은 시장의 큰 흐름을 읽고, 수급의 방향을 따라가는 것이 중요하다. 주식시장에서 오랫동안 살아남기 위해서는 스스로 노력하고, 공부하고, 준비하고, 적극적이고, 능동적이어야 한다.

주식의 가장 기본적인 공부는 당연한 것이고, 더 나아가서 정치, 경제, 문화 등 다양한 분야를 이해할 수 있는 지식과 지혜도 필요하다. 그런 노력을 해야 주식시장에서 오랜 시간 수익을 내면서 살아남을 수 있는 것이다. 그런 노력을 시작하고자 하는 개인 투자자분들을 위해 필자는 세 번째 책을 집필하게 되었다.

첫 번째 저서는 『솔지담의 주식초보 투자왕되기』

두 번째 저서는 『대 폭락장에서 살아남기』

그리고 이번에 집필한 책은 『테마주 투자전략: 핫한 이슈 속 돈 버는 주식테마 찾기』이다.

이 책은 여러분들이 주식투자에서 실수를 줄이고, 가능한 한 빠르게 성공 투자의 길로 들어설 수 있도록 심혈을 기울인 책이라고 보아도 좋겠다.

CONTENTS

CONTENTS

Section 1

한국판 뉴딜정책, 펀드 속 큰 맥 찾기

01 정부정책(한국판 뉴딜)을 통한 투자전략

01 한국판 뉴딜정책은 무엇인가?

정부정책과 관련한 종목들은 단기적 이슈 또는 중장기적 이슈로 주가가 반영하여 움직인다. 한국판 뉴딜정책은 2020년 코로나19로 인해 최악의 경기침체와 일자리 충격 등에 직면한 상황에서 위기를 극복하고 코로나 이후 글로벌 경제를 선도하기 위해 마련된 국가 발전 전략이다.

미국의 프랭클린 루즈벨트 대통령이 1930년대 대공황 극복을 위해 '뉴딜(New Deal)정책'을 강력하게 추진한 것처럼, 우리 정부도 한국판 뉴딜정책 추진을 통해 포스트 코로나 시대에 효과적으로 대응하고 세계적 흐름에서 앞서 나가겠다는 목표이자 의지이다.

한국판 뉴딜정책의 주요 내용은 '3대 프로젝트와 10대 중점 추진 과제'를 담아 정부가 추진 방향을 발표했으며, 주식투자를 하는 우리는 이런 정책과 방향을 통해 2021년 종목 선정과 투자할 방향을 찾는 데 활용해야 한다.

3대 프로젝트

디지털 뉴딜, 디지털 그린 융복합, 그린 뉴딜

10대 중점 추진 과제

☐ 디지털 뉴딜(데이터 댐, 지능형 정부, 스마트 의료 인프라)

☐ 디지털 그린 융복합(그린 스마트 스쿨, 디지털 트윈, 국민안전 사회간접자본
　(SOC) 디지털화, 스마트 그린 산업단지)

☐ 그린 뉴딜(그린 리모델링, 그린 에너지, 친환경 미래 모빌리티)

디지털 뉴딜

온라인 소비, 원격근무 등 비대면화가 확산되고 디지털 전환이 가속화
되는 등 경제사회 구조의 전환으로 '디지털 역량'의 중요성이 더욱 높아졌
으며, 비대면 비즈니스가 유망 산업으로 부각되고 있다. 이에 전 산업의
디지털 혁신을 위해 DNA(Data·Network·AI) 생태계를 강화하고, 교육
인프라의 디지털 전환, 비대면 산업 육성, 교통·수자원·도시·물류 등 기반
시설의 디지털화를 추진한다는 계획이다.

그린 뉴딜

코로나19를 계기로 기후 변화 대응 및 저탄소 사회 전환이 더욱 시급해
졌으며, 해외 주요국들은 글로벌 기후 변화 대응, 에너지 안보, 친환경산
업 육성 등의 차원에서 저탄소 경제·사회로 이행 중이나, 국내 온실가스

배출은 계속 증가하고, 탄소 중심 산업생태계가 유지되고 있다.

경제·사회 구조의 전환 필요성이 높아짐에 따라 정부는 '탄소중립(Net-zero)' 사회를 지향점으로 그린 뉴딜을 추진한다는 것이다. 도시·공간 등 생활환경을 녹색으로 전환하고 저탄소·분산형 에너지를 확산하며 전환 과정에서 소외될 수 있는 계층과 영역은 보호하고, 혁신적 녹색산업 기반을 마련하여 저탄소 산업생태계를 구축한다는 계획이다.

02 한국판 뉴딜 세부 분석

① 데이터 댐 (18조 1,000억 원 투자 / 일자리 38만 9,000개 창출)

☐ 데이터 수집·가공·거래·활용기반을 강화하여 데이터 경제를 가속화하고, 5세대 이동통신(5G) 전국망을 통한 전(全)산업의 5세대 이동통신(5G)·인공지능(AI)을 융합·확산한다.

☐ 분야별 빅데이터 플랫폼을 30개로 확대하고 공공 데이터 14만 2,000개 신속 개방, AI 학습용 데이터 1,300종 구축 등을 추진한다.

☐ 5G망 조기구축을 위한 등록면허세 감면·투자세액 공제 등 세제 지원을 추진하고, 실감기술(VR·AR 등)을 적용한 교육·관광·문화 등 디지털콘텐츠 및 자율차 주행기술 등 5G 융합서비스를 개발한다.

☐ 스마트공장 1만 2,000개, 미세먼지 실내정화 등 AI 홈서비스 17종 보급, 생활 밀접 분야 'AI+X 7대 프로젝트'도 추진한다.

□ 7대 프로젝트에는 신종감염병 예후·예측, 의료영상 판독·진료, 범죄 예방·대응, 불법복제품 판독, 지역특화산업 품질관리 등이 포함되어 있다.

② 지능형(AI) 정부 (9조 7,000억 원 투자 / 일자리 9만 1,000개 창출)

□ 5세대 이동통신(5G)·블록체인 등 디지털 신기술을 활용, 맞춤형 공공 서비스를 미리 알려주고 신속히 처리해 주는 '똑똑한 정부'를 구현한다.

□ 공무원증·운전면허증·장애인등록증 등 모바일 신분증에 기반한 민원 처리, 복지급여 중복 수급 관리·부동산 거래·온라인 투표에 블록체인 기술을 적용한다.

□ 전 정부청사 5G 국가망 구축, 공공정보시스템을 민간·공공 클라우드 센터로 이전·전환 등이 이 사업의 주요 추진 내용이다.

③ 스마트 의료 인프라 (2,000억 원 투자 / 일자리 2,000개 창출)

□ 감염병 위험으로부터 의료진과 환자를 보호하고, 디지털 기반 스마트 의료 인프라 구축, 입원환자 실시간 모니터링과 의료기관 간의 협진이 가능한 디지털 기반 스마트 병원 18곳을 구축한다.

□ 호흡기·발열 증상을 사전 확인·조치하고 내원 시 안전진료가 가능한 호흡기전담클리닉 1,000개소 설치 등을 추진한다.

□ 간질환·폐암·당뇨 등 12개 질환별 AI 정밀진단이 가능한 소프트웨어를 개발, 실증할 예정이다.

④ 그린 스마트 스쿨 (15조 3,000억 원 투자 / 일자리 12만 4,000개 창출)

□ 안전하고 쾌적한 녹색환경과 온·오프라인 융합 학습 공간 구현을 위해 전국 초·중·고등학교에 에너지 절감 시설 설치 및 디지털 교육환경을 조성한다.

□ (그린) 태양광, 친환경 단열재 설치 + (디지털) 교실 와이파이, 교육용 태블릿 PC 보급 등 노후학교 대상 태양광 발전시설 설치 및 친환경 단열재 보강공사, 초중고 전체교실(38만 실) 와이파이 100% 구축 등이 그린 스마트 스쿨 사업에 포함된다.

□ 교원 노후 PC·노트북 20만 대 교체 및 '온라인교과서 선도학교' 1,200개교에 교육용 태블릿 PC 24만 대 지원을 추진한다.

□ 다양한 교육콘텐츠 및 빅데이터를 활용해 맞춤형 학습 콘텐츠를 제공하는 '온라인 교육 통합플랫폼'을 구축한다.

⑤ 디지털 트윈 (1조 8,000억 원 투자 / 일자리 1만 6,000개 창출)

□ 자율차, 드론 등 신산업 기반 마련, 안전한 국토·시설관리를 위해 도로·지하공간·항만·댐을 대상으로 디지털 트윈을 구축한다.

□ 가상공간에 현실공간·사물의 쌍둥이(Twin) 구현 → 시뮬레이션을 통해 현실을 분석·예측한다.

□ 도심지 등 주요 지역의 높이값을 표현한 수치표고모형 구축과 고해상도 영상지도 작성, 국도·4차로 이상 지방도 정밀도로지도 구축, 노후 지하공동구(120km) 계측기 설치, 디지털 트윈 기반의 스마트항만·스

마트시티 구축 등이 추진된다.

⑥ 국민안전 사회간접자본(SOC) 디지털화 (14조 8,000억 원 투자 / 일자리 14만 3,000개 창출)

□ 국민이 보다 안전하고 편리한 생활을 누릴 수 있도록 핵심기반 시설을 디지털화하고 효율적 재난 예방 및 대응시스템을 마련한다.

□ 주요 간선도로 대상 차세대지능형교통시스템(C-ITS) 및 전(全) 철로 IoT 센서 설치, 4세대 철도무선망을 구축한다.

□ 전국 15개 공항 비대면 생체인식시스템을 구축하고 지능형 CCTV·IoT 를 활용한 디지털 관리체계도 구축한다.

□ 국가하천(73개, 3,600km)·저수지(27개 권역) 원격제어 실시간 모니 터링과 광역(48개)·지방(161개) 상수도 스마트화를 추진하고, 재해 고 위험지역 재난대응 조기경보시스템과 둔치 주차장 침수위험 신속 알 림시스템 등 재난대응 시스템 구축도 포함됐다.

⑦ 스마트 그린 산업단지 (4조 원 투자 / 일자리 3만 3,000개 창출)

□ 산업단지를 디지털 기반 고(高)생산성(스마트) + 에너지 고(高)효율· 저(底)오염(그린) 등 스마트·친환경 제조 공간으로 전환한다.

□ 제조 공정 테스트를 위한 시뮬레이션센터(3개소)와 인공지능(AI)·드 론 기반 유해화학물질 유·누출 원격 모니터링 체계를 구축할 계획이다.

□ 에너지 발전·소비를 시각화하여 관제센터를 통해 실시간 모니터링·제어하는 스마트 에너지 플랫폼을 구축(10개소)하고, 폐열·폐기물을 재사용하는 등 오염물질을 최소화하는 스마트 생태공장(100개소) 및 오염물질 저감설비를 지원하는 클린팩토리(1,750개소)도 구축한다.

□ 기업 간 폐기물 재활용 연계를 지원(81개 산단), 산단 내 폐기물을 재자원화하여 다른 기업의 원료나 에너지 등으로 재사용하게 하고, 소규모 사업장 미세먼지 저감시설 설치도 지원(9,000개소)한다.

⑧ 그린 리모델링 (5조 4,000억 원 투자 / 일자리 12만 4,000개 창출)

□ 민간 건물의 에너지 효율 향상 유도를 위해 공공건축물이 선도적으로 태양광 설치·친환경 단열재 교체 등 에너지 성능을 강화한다.

□ 15년 이상 공공임대주택(22만 5,000호), 어린이집·보건소·의료기관 대상으로 태양광 설치, 고성능 단열재 교체 작업에 들어간다.

□ 고효율 에너지 기자재·친환경 소재 등을 활용, 국·공립 어린이집(440개소), 국민체육센터(51개소)를 신축한다.

□ 박물관·도서관 등 문화시설 대상 태양광 시스템 및 LED 조명 등 에너지 저감설비를 설치(1,148개소)하고, 정부청사 에너지 효율화도 추진한다.

⑨ 그린 에너지 (9조 2,000억 원 투자 / 일자리 3만 8,000개 창출)

□ 태양광·풍력(육상, 해상) 등 신재생 에너지 산업 생태계 육성을 위해

대규모 연구개발(R&D)·실증사업 및 설비 보급을 확대한다.

□ 풍력의 경우, 대규모 해상풍력단지 입지 발굴을 위해 최대 13개 권역에 타당성 조사 및 실증 단지의 단계적 구축에 나선다.

□ 태양광과 관련해서는 주민 참여형 이익공유 사업을 도입하고 농촌·산단 융자지원을 확대한다. 주택·상가 등 자가용 신재생설비 설치비도 20만 가구에 지원할 계획이다.

□ 수소의 생산부터 활용까지 전 주기 원천기술 개발 및 수소도시를 조성한다. 2022년까지 3개 수소 도시를 조성(울산, 전주·완주, 안산)하고 2025년까지 3개 도시를 추가 조성한다.

⑩ 친환경 미래 모빌리티 (20조 3,000억 원 투자 / 일자리 15만 1,000개 창출)

□ 온실가스·미세먼지 감축 및 글로벌 미래차 시장 선점을 위해 전기·수소차 보급 및 노후경유차·선박의 친환경 전환을 가속화한다.

□ 승용(택시 포함)·버스·화물 등 전기자동차 113만 대(누적)를 보급하고 충전 인프라(급속 충전기 1만 5,000대, 완속 충전기 3만 대)를 확충한다.

□ 승용·버스·화물 등 수소차 20만 대(누적)를 보급하고 충전인프라 450대(누적) 설치와 수소 생산기지 등 수소 유통 기반도 구축한다.

□ 노후경유차의 LPG·전기차 전환과 조기 폐차를 지원하고 관공선·함정(34척), 민간선박의 친환경(LNG·하이브리드 등) 전환 및 관공선 80척 매연저감장치(DPF) 부착도 추진하기로 했다.

02 한국판 뉴딜정책의 투자 방향

2020년 9월 28일 정부(기획재정부)는 한국판 뉴딜의 핵심 동력인 '정책형 뉴딜펀드'가 5세대 이동통신(5G)과 신재생 에너지 등 40개 분야에 투자한다고 발표하였다.

공모펀드인 '뉴딜 인프라펀드'는 클라우드·데이터센터와 스마트 물류 인프라 등 디지털·그린 뉴딜 인프라에 자금을 투입하기로 하였다. 정부는 2020년 상반기에 '정책형 뉴딜펀드와 뉴딜 인프라펀드'를 2021년 초에

국민참여형 한국판 뉴딜펀드 주요 내용

구분	개요	유인 구조	기대 효과
정책형 뉴딜펀드	• 5년간 20조 원 조성 • 정부 3조 원+정책금융 4조 원+민간 13조 원	• 재정 출자를 통한 매칭 투자 및 투자 위험 일부 우선 부담	• 뉴딜펀드의 선도적 역할+민간투자 유도 마중물 역할
뉴딜 인프라펀드	• 뉴딜 분야에 일정 비율 이상 투자하는 공모 인프라펀드 육성	• 세제 지원 • 배당소득 저율 분리과세 (투자금액 2억 원 한도, 9%)	• 수익률 제고+뉴딜 인프라 투자 가속화
민간 뉴딜펀드	• 민간의 창의 자율성에 기반 하여 자유롭게 펀드 조성	• 현장 애로 해소 및 제도 개선 등을 통한 투자 여건 조성	• 정부 선도 투자에 이은 민간 후속 투자 활성화〉민간 뉴딜 생태계 구축

(기획재정부 제공)

조성한다고 밝혔으며, 이를 위한 준비 작업으로 투자 가이드라인과 뉴딜 인프라 범위 기준을 제시했다.

정부는 우선 40개 분야를 정책형 뉴딜펀드 투자 대상으로 선정하고, 197개 품목을 사례로 제시하는 등 투자 가이드라인을 내놨으며, 디지털 뉴딜 분야에선 5G, 사물인터넷(IoT)과 같은 차세대 무선통신과 인공지능(AI) 등 능동형 컴퓨터, 스마트 헬스케어 등 30개 분야를 선정했다.

그린 뉴딜 분야에서는 신재생 에너지, 바이오소재, 전기·수소차, 친환경 선박과 같은 차세대 동력 장치 등 17개 분야를 제시했으며, 로봇과 에너지효율 향상, 스마트팜, 친환경 소비재 등 7개 분야는 디지털 뉴딜과 그린 뉴딜 모두에서 투자 대상으로 선정했다.

투자 대상(기업과 프로젝트 등)이 투자 가이드라인에 해당하는 경우는 물론이고 관련된 전후방산업에도 투자할 수 있도록 했으며, 이번 가이드

정책형 뉴딜펀드 투자 분야(기획재정부 제공)

구분	분야
디지털 뉴딜(30개)	로봇, 항공 우주, 에너지 효율 향상, 스마트팜, 친환경 소비재, 차세대 진단, 첨단 영상 진단, 맞춤형 의료, 스마트 헬스케어, 첨단 외과 수술, 차세대 무선통신 미디어, 능동형 컴퓨팅, 실감형 콘텐츠, 가용성 강화, 지능형 데이터 분석, 소프트웨어, 차세대 반도체, 감성형 인터페이스, 웨어러블 디바이스, 차세대 컴퓨팅, 감각 센서, 객체 탐지, 광대역 측정, 게임, 영화/방송/음악/에니메이션/캐릭터, 창작 공연 전시, 광고, 디자인, 고부가 서비스, 핀테크
그린 뉴딜(17개)	신제조 공정, 로봇, 차세대 동력 장치, 바이오 소재, 신재생 에너지, 친환경 발전, 에너지 저장, 에너지 효율 향상, 스마트팜, 환경 개선, 환경 보호, 친환경 소비재, 차세대 치료, 실감형 콘텐츠, 차세대 반도체, 능동형 조명, 객체 탐지

* 중복(밑줄) 7개 제외 시 40개 분야

(기획재정부 제공)

라인은 산업계, 금융투자업계, 전문가 등 현장의 의견을 수렴해 보완, 수정·확정하고 지속적으로 조정하기로 했다.

공모펀드인 뉴딜 인프라 범위는 '디지털·그린 경제 구현을 위한 기반이 되는 인프라'로 정의했으며, 디지털 뉴딜의 구체적인 투자 대상은 5G망과 클라우드·데이터센터, 지능형교통시스템, 스마트 물류 인프라 등을 의미하며, 그린 뉴딜은 친환경발전 단지, 전기·수소 인프라, 미세먼지 저감시설 등을 의미한다.

경제활동 기반 시설은 도로, 철도, 항만, 하수도를, 사회서비스 제공 시설은 유치원과 학교, 도서관을, 기타 공공시설은 공공청사 등이다.

뉴딜 인프라의 범위는 관계부처 합동으로 '뉴딜 인프라 심의위원회'를 구성해 개별 투자 사업에 대한 뉴딜 인프라 해당 여부를 심의할 예정이다.

정부는 "정책형 뉴딜펀드와 뉴딜 인프라펀드가 2021년 초부터 본격적으로 조성될 수 있도록 예산 반영과 세법 개정 등 준비 작업을 신속히 추진할 것"이라고 말했다. 2021년 우리가 투자할 섹터와 종목은 정부정책 안에서 선정하고 투자해야 한다. 그런 취지에서 정부의 정책 방향과 의도를 파악해야 한다.

03 한국판 뉴딜펀드

한국판 뉴딜펀드는 한국판 뉴딜을 뒷받침하는 국민참여형 정책 펀드로, 2021~2025년까지 정부와 정책금융기관, 민간이 함께 재원을 조성하는 것이다. 정부는 2020년 7월 14일, 코로나19 이후 경제·사회 변화 대응 및 위기 극복을 위해 '한국판 뉴딜 종합계획'을 발표했으며, 한국판 뉴딜의 성공적 추진 방안의 일환으로 '국민참여형 한국판 뉴딜펀드'의 조성을 제안한 펀드이다.

01 한국판 뉴딜펀드 조성 및 운용 방안

뉴딜펀드는 '정책형 뉴딜펀드 신설+뉴딜 인프라펀드 육성+민간 뉴딜펀드 활성화'의 세 가지 큰 축으로 추진되며, 정부는 재정 및 세제 지원 등을 통해 장기적으로 대규모 자금이 필요한 뉴딜사업 투자의 마중물 역할을 담당한다. 그리고 민간은 자율성과 창의성을 바탕으로 적재적소에 자금이 공급될 수 있도록 다양한 상품을 설계하게 되며, 일반 국민은 쉽게 참여할 수 있는 공모 방식의 펀드를 활성화하여 뉴딜사업 투자 성과 공유에 주력한다는 계획이다.

정책형 뉴딜펀드 신설

'정부·정책금융기관 출자'를 통해 투자 위험을 부담하고, 뉴딜 분야에 투자하는 총 20조 원 규모의 정책형 뉴딜펀드를 신설한다. 우선 정부·정책금융기관(산은 성장사다리펀드) 출자를 통해 민간 투자의 마중물 역할을 수행하는 모(母)펀드를 조성한 뒤 일반 국민을 포함한 민간 자금을 매칭하여 자(子)펀드를 결성한다.

정책형 뉴딜펀드 체계도

출처 : 기획재정부

또 민간의 창의성·자율성을 활용하고 다양한 뉴딜 분야에서의 효과적인 투자 유도를 위해 뉴딜 프로젝트와 뉴딜 관련 기업에 대한 지분 투자 및 대출 등 투자 대상을 폭넓게 정의하되, 지원 필요성이 설명될 수 있는 수준에서 기준을 설정한다. 성과 공유의 경우, 사모재간접 공모펀드 방식을 활용하여 일반 국민에게 재정을 통해 위험이 분담된 투자 기회를 제공하고, 자(子)펀드 운용사 선정 시 민간 공모펀드 참여를 제시한 운용사에 대한 우대를 추진한다.

뉴딜 인프라펀드 육성

세제 지원 확대, 정책형 펀드를 통한 위험 부담 및 양질의 사업 발굴 등을 통해 국민들에게 안정적 수익을 제공할 수 있는 '뉴딜 인프라펀드'를 육성한다. 이는 정책형 뉴딜펀드와 민간 자율의 인프라펀드 등을 활용하여 조성하며, 세제와 재정 지원을 통해 민간 자금의 투자 유인을 제공한다. 투자 대상은 인프라 사업에 투자하되 뉴딜 분야에 중점 투자하고, 이를 위해 양질의 뉴딜 인프라 사업에 대한 지속적인 발굴이 이뤄지게 한다. 그리고 기관투자자 중심(사모)의 인프라펀드 시장에 국민이 참여하는 공모 방식 확산을 유도하는 방향으로 성과를 공유한다.

인프라펀드 체계도

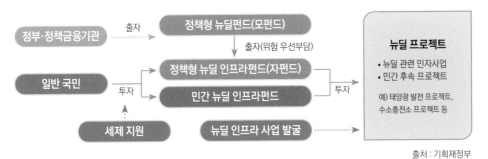

출처 : 기획재정부

민간 뉴딜펀드 활성화

　금융회사가 고수익 창출이 가능한 뉴딜 투자처를 발굴하고, 다양한 형태의 펀드를 결성하여 민간 투자 자금을 유치·공급한다. 민간의 투자 여건은 현장 애로 해소와 제도 개선을 통해 조성하며, 뉴딜 관련 프로젝트 및 뉴딜 관련 사업을 수행하는 기업에 대한 투자 등 그 투자 대상을 민간이 자유롭게 선정한다. 국민은 시장 내 자율 결성된 펀드에 자유롭게 투자하여 '고수익 또는 안정적 수익' 등 수요 맞춤형 성과를 공유하게 된다.

민간 뉴딜펀드 체계도

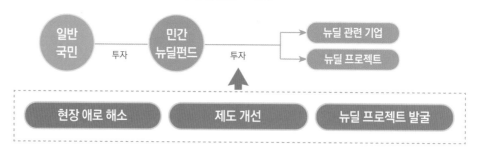

출처 : 기획재정부

뉴딜펀드 체계

기본 방향	① 정책형 뉴딜펀드 + 뉴딜 인프라펀드 + 민간 뉴딜펀드 ≫ 세 가지 축	
	② 민·관의 역할 분담	③ 국민과의 성과 공유
세부 추진 방향	• (정부) 재정 통한 위험 부담, 세제 지원, 애로 해소 및 제도 개선 • (민간) 자율적 상품 개발	• 사모재간접 공모펀드 등 공모 활성화 • 민간의 자율적 펀드 조성 유도 • 퇴직연금 연계 확대

세부 구조	① 유형	정책형 뉴딜펀드	뉴딜 인프라펀드	민간 뉴딜펀드
	② 조성 방안	• 정부 등 출자 + 민간 자금 매칭	• 정책형 뉴딜펀드 자펀드 방식 + 민간 인프라펀드	• 민간의 자발적 투자처 발굴 및 펀드 결성
	③ 유인 체계	• 재정을 통한 후순위 출자 *투자 위험 부담	• 세제 지원 • 프로젝트 발굴	• 시장 여건 조성 * 현장 애로 해소 지원 및 제도 개선
	④ 투자 대상	• 뉴딜 프로젝트 + 뉴딜 관련 기업 *투자 가이드라인 마련	• 뉴딜 인프라사업	• 뉴딜 프로젝트 + 뉴딜 관련 기업
	⑤ 성과 공유	• 사모재간접 공모펀드 *민간 공모펀드가 정책형 뉴딜펀드 자펀드 결성에 참여 • 국민참여펀드 조성	• 공모 방식 확산 *공모 인프라펀드에 한하여 세제 혜택 부여 • 퇴직연금 연계	• 수요 맞춤형 성과 공유 *민간에서 고수익 또는 안정적 수익 창출이 가능한 펀드 자율 설계

출처 : 기획재정부

33

정부가 코로나19로 주춤해진 기업과 국가의 성장 동력 확보를 위해 뉴딜 펀드 조성을 주도하면서, 한국 거래소는 BBIG K-뉴딜지수를 발표하게 되었다. 뉴딜지수 구성 종목은 미래 성장 주도 업종인 2차 전지, 바이오, 언택트(인터넷), 게임주로 구성되어 있고, 크게 12종목이 들어 있다.

종목들은 단순하게 1/12로 나누어서 들어가는 산술 평균 방식을 적용하였으며, 각 뉴딜지수 섹터별로 다시 10개씩 종목(총 40개)들이 포함되어 있다.

과거 이전 정부에서도 다양한 정책적 펀드들이 계속 나왔다. 이명박 정부가 녹색성장을 추진하면서 녹색성장펀드가 있었고, 박근혜 정부가 만든 통일펀드, 청년희망펀드도 있었으나, 항상 정권이 바뀌면서 자취를 감추었다. 이번 펀드도 물론 같은 길을 걸을 가능성이 있지만, 그래도 아직 정권 교체 시기가 남아 있으니, 2021년 기대감을 갖고 접근해 볼 가치가 있다. 특히, 이번 펀드는 향후 산업 변화에 주도적 업종으로 자리 매김을 할 섹터이고 종목이기에 투자할 가치가 있다고 생각한다.

① KRX BBIG K – 뉴딜지수							
Battery		**Bio**		**Internet**		**Game**	
시총 상위	비중	시총 상위	비중	시총 상위	비중	시총 상위	비중
LG화학	1/12	삼성바이오로직스	1/12	NAVER	1/12	엔씨소프트	1/12
삼성SDI	1/12	셀트리온	1/12	카카오	1/12	넷마블	1/12
SK이노베이션	1/12	SK바이오팜	1/12	더존비즈온	1/12	펄어비스	1/12

② KRX 2차 전지 K-뉴딜지수	③ KRX 바이오 K-뉴딜지수	④ KRX 인터넷 K-뉴딜지수	⑤ KRX 게임 K-뉴딜지수
① LG화학	① 삼성바이오로직스	① NAVER	① 엔씨소프트
② 삼성SDI	② 셀트리온	② 카카오	② 넷마블
③ SK이노베이션	③ SK바이오팜	③ 더존비즈온	③ 펄어비스
④ 포스코케미칼	④ 셀트리온헬스케어	④ 케이엠더블유	④ 컴투스
⑤ SKC	⑤ 유한양행	⑤ NHN한국사이버결제	⑤ NHN
⑥ 에코프로비엠	⑥ 씨젠	⑥ 아프리카TV	⑥ 더블유게임즈
⑦ 일진머티리얼즈	⑦ 알테오젠	⑦ KG이니시스	⑦ 웹젠
⑧ 두산솔루스	⑧ 셀트리온제약	⑧ 서진시스템	⑧ 네오위즈
⑨ 후성	⑨ 한미약품	⑨ 안랩	⑨ 위메이드
⑩ 천보	⑩ 한미사이언스	⑩ 유비쿼스홀딩스	⑩ 골프존

04 배터리, 바이오, 인터넷, 게임 산업의 이해와 종목 분석

01 배터리(전기차/2차 전지)

배터리(전기차/2차 전지)란?

2차 전지란 한 번 쓰고 버리는 것이 아니라, 충전을 통해 반영구적으로 사용하는 전지를 지칭한다. 가장 일반적인 전지는 니카드전지(니켈·카드뮴전지)이지만, 저렴한 장점이 있는 반면 메모리 현상이라는 단점이 있다. 메모리 현상은 2차 전지 안에 있는 화학 에너지(전기)를 완전하게 방전하지 않고 재충전하면, 2차 전지에 들어갈 수 있는 에너지(전기)의 양이 줄어드는 현상을 말한다.

리튬이온전지는 메모리 현상이 없고 전지의 출력도 좋아 디지털 카메라 등 소형 전자기기에 활용되는 전지이다. 그 외에 폴리머전지, 니켈수소전지 등이 있다.

전기차/2차 전지 업종

지금은 물론, 시간이 지나면 지날수록 화석연료(휘발유)로 인한 환경오염과 환경파괴에 대한 문제점을 부각하고 문제시하는 강도가 커지게 된다. 그에 따른 대안이 신재생 에너지 확대 그리고 전기차에 대한 지원과 산업 변화이다.

중국은 내연기관차에 대한 기술력이 선진국에 비해 많이 뒤쳐져 있기에, 더욱더 전기차에 대한 지원과 개발이 활발하며, 2025년부터 내연기관차 생산과 판매를 전면 금지한다고 선언하고 나섰다.

프랑스를 비롯한 유럽도 2040년부터 내연기관차 판매를 금지한다고 선언하였다. 일본도 2030년까지 내연기관차의 생산 비중을 50% 이하로 줄인다는 계획을 밝혔다. 이렇듯 글로벌 국가들이 환경오염을 줄이고, 건강한 지구를 살리자는 취지에서 전기차 산업을 강조하고 지원하면서 선점하려는 노력을 하고 있다.

전기차하면 테슬라를 떠올리겠지만, 가장 완벽한 기술력과 시장 점유율을 보이는 기업은 바로 우리나라 빅3(LG화학, 삼성SDI, SK이노베이션)이다.

2020년 미국 증시에서 가장 핫한 종목이라고 뭐냐고 하면 누구든지 테슬라(전기차 대표 기업)라고 할 것이다. 테슬라의 주가는 상상 이상의 급등을 연출하면서 공매도 세력들을 파산에 이르게 할 정도로 상승하였다. 주가 상승에 따라 테슬라 CEO인 엘론 머스크 역시 돈방석에 앉았다. 세상사가 익을수록 고개를 숙이고 겸손해야 하는 법인데, 항상 정치인이든, 경제인이든 최고점에 다다르면 꼭 사고를 치고 낙마하는 경우가 많다. 엘론 머스크도 치명적인 실수를 하였다. 회사 자금을 비트코인에 투자하는 것도 모자라서, 향후 고객들이 테슬라 자동차를 살 때, 비트코인으로 살 수 있게 할 것이라고 발표한 것이다.

미국 정부가 세계를 이끌고 영향력을 발휘하는 이유가 뭘까?

그것은 다름 아닌, 달러($)의 힘이다. 돈(달러)은 곧 권력이고 힘이다. 이런 달러에 대한 도전은 어느 누구도 예외 없이 처절한 아픔을 겪게 될 것이다. 과거 달러에 도전했다가 힘든 시간을 보내는 국가가 바로 베네수엘라, 이란 등이다. 달러에 도전하면 국가도 처참하게 응징하는데, 일개 기업을 없애는 것은 식은 죽 먹기이다. 따라서 향후 테슬라가 문제가 되든지, 아니면 엘론 머스크가 문제가 될 것이다. 그렇다면 해외 투자를 하는 분들은 테슬라를 조심해야 할 것이다.

2차 전지 업종의 용어 설명

구분	개요
삼원계 배터리	• 리튬이온 배터리의 종류로 니켈, 망간, 코발트로 양극재를 만든 전지
음극재	• 충전 중 양극에서 나오는 리튬이온을 음극에서 받아들이면서 활성화되는 소재
양극재	• 리튬이온 배터리를 구성하는 한 요소로서, 양극재+분리막+음극재로 구성

2차 전지 계통도와 관련 종목

구분	항목	관련 회사
2차 전지 계통도	양극재	에코프로, 코스모신소재
	음극재	포스코켐텍, 엠케이전자
	분리막	SK이노베이션, 시노펙스
	전해액	후성, 솔브레인
	CELL	LG화학, 삼성SDI
	장비	엠플러스, 피앤이솔루션
	부품	상아프론테크, 일진머티리얼즈

KRX 2차 전지(K-뉴딜지수 10종목)

기 업 명	PBR(배)	배당(%)	사 업 내 용
LG화학	2.8	0.32	첨단소재, 생명과학, 전지 등
삼성SDI	2.3	0.24	전자재료, 에너지솔루션, 전지 등
SK이노베이션	0.7	2.17	석유 화학, 전지 등
포스코케미칼	4.9	0.49	염기성 내화물 제조 판매 등
SKC	1.8	1.23	고부가가치 소재 생산, 2차 전지 등
에코프로비엠	7.3	0.11	2차 전지 소재(양극활 물질) 등
일진머티리얼즈	3.5	0.11	2차 전지 소재(일렉포일) 등
두산솔루스	15.0	-	OLED, 동박, 전지박 등
후성	4.0	0.16	불소 기반 기초 화합물 제조 판매 등
천보	7.6	0.19	반도체 소재, 2차 전지 소재 등

2021년 투자할 3종목

- LG화학
- 에코프로비엠
- 후성

테마주 투자전략: 핫한 이슈 속 돈 버는 주식테마 찾기

업종(하는 일) : 석유화학 사업 부문, 전지 사업 부문, 첨단소재 사업 부문, 생명과학 사업 부문, 공통 및 기타 부문의 사업을 영위하고 있다. 첨단소재 사업 부문에서 양극재, 자동차소재, IT소재의 경쟁력을 바탕으로 고부가 제품을 중심으로 한 포트폴리오 전환을 추진 중이다. 현재 다양한 글로벌 네트워크를 보유하고 있는 개방형 네트워크 회사이며, 국내외 대학 및 연구기관과의 협력을 진행하고 있다.

PER	PBR	부채비율	유보율	영업이익률
205.84	3.72	110	4600	8.4

CHECK POINT : 향후 물적분할을 통한 선택과 집중을 택한 동사는 배터리 사업 부문을 LG에너지솔루션으로 사명을 정하였다. LG화학은 앞으로 전지 사업을 세계 최고 에너지솔루션 기업으로 육성하는 한편, 기존 석유화학, 첨단소재, 바이오 사업의 경쟁력도 한 단계 더 끌어올릴 것으로 기대된다.

주가 측면에서는 2020년 정부정책과 유동성에 의한 과도한 상승이 부담스럽다. 최근 3년간의 주가 흐름을 봤을 때, 조정이 온다면 1차 조정(705,000원), 2차 조정(545,000원)까지 하락 가능성을 열어 두어야 한다.

에코프로비엠

업종(하는 일) : 동사는 2016년 5월 1일, 에코프로의 2차 전지 소재 사업 부문이 물적분할되어 신설되었다. 2013년 하이니켈계 양극활 물질 중심으로 사업 재편을 한 이후부터 NCA 분야에서 시장점유율을 꾸준히 높이고 있으며, 테슬라사의 EV용 배터리 소재로 납품하고 있는 스미토모에 뒤이어 세계 2위의 시장점유율을 확보 중이다.

PER	PBR	부채비율	유보율	영업이익률
97.54	9.32	95	4000	6.8

CHECK POINT : 2020년 2월 3일, SK이노베이션과 전기차 배터리용 하이니켈계 NCM 양극소재 중장기 공급계약 체결하였으며, 공급 계약 금액이 2조 7천억 원 규모이다.

주가 측면에서는 2020년 신재생 에너지 관련 정부정책과 시장의 넘쳐나는 유동성에 의한 과도한 상승이 부담스럽다. 회사 분할 이후 주가 흐름을 보면, 조정이 온다면 1차 조정(412,000원), 2차 조정(110,000원)까지 하락 가능성을 열어 두어야 한다.

후성

업종(하는 일) : 동사는 불소를 기반으로 한 기초 화합물을 전문적으로 제조·판매하는 업체이며, 국내 및 해외 법인을 통해 해당 사업을 영위한다.

PER	PBR	부채비율	유보율	영업이익률
134.90	5.14	120	360	2.65

CHECK POINT : 한·일간 무역분쟁에 따른 반사 이익이 기대되는 기업으로서, 반도체 특수가스 매출 증가 및 공장의 증설로 인한 판매 증대가 기대된다. 특히 불소화합물 사업 부문은 환경규제의 대상으로 사업 허가권이 더 이상 발급되지 않아 높은 진입 장벽을 가지고 있다.

주가 측면에서는 2021년 이후 시장 상황을 보아야 한다. 추가적 상승은 가능하지만, 2021년 이후 시장이 지지부진하거나 하락장이 연출되면 동 종목도 조정이 올 수 있다. 조정이 온다면 1차 조정(11,400원), 2차 조정(9,000원) 까지 하락 가능성을 열어 두어야 한다.

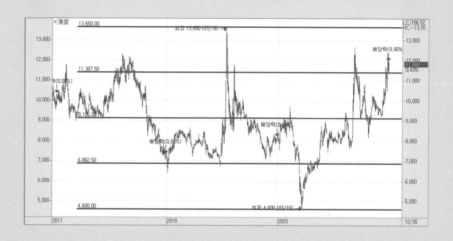

바이오(제약 바이오)란?

한국글로벌의약산업협회(KRPIA)는 국내 진출한 글로벌 제약 바이오 기업이 2019년 연구개발(R&D) 비용으로 4,837억 원을 투자했다고 밝혔다. KRPIA는 글로벌 회원사 대상(35개사 1,700여 명의 연구 인력)으로 조사된 '2019년 국내 R&D 투자 현황' 결과를 발표한 바 있다.

R&D 비용은 매년 꾸준히 증가하고 있으며, 지금처럼 저금리 경제 상황에서는 매우 긍정적 요인 중 하나이다. 2016년부터 지난 4년간 지속적으로 조사에 참여한 27개 회원사를 기준으로 그 증감을 살펴보면, 전체 R&D 투자가 2016년 3,614억 원, 2017년 3,967억 원, 2018년 4,597억 원, 2019년 4,775억 원으로 증가했다. 2019년에는 글로벌 제약사 35곳에서 총 1,536건의 임상연구가 수행됐다. 임상연구 단계별 변화를 살펴보면, 2019년에는 2018년 대비 임상 1상과 2상의 수가 증가했으며, 2017년 이후 비중재 관찰연구 임상시험 건수가 증가하는 추세이다.

여기서 중요한 것은 대부분의 기업에 임상연구를 통한 R&D 투자가 많기 때문에, 매출이 미미하거나 없는 경우가 많다. 그러다 보니 임상이 계획대로 안 되거나 실패할 시에는 투자금 회수가 어려울 수 있다는 점을 감안하고 매매를 해야 한다. 즉, 하이리스크 하이리턴(High Risk High Return, 위험이 높은 만큼 수익도 높다는 뜻)인 케이스가 다른 업종(종목)에 비해 많다.

2017년 반도체 업종의 상승 랠리를 이어 받아 중반 이후부터 2018년 상반기까지 제약 바이오 업종이 시장을 주도하면서 상승을 이끌었다. 바이오 대장주인 셀트리온이 코스닥에서 거래소로 이전하고, 제약 바이오 업종 대부분의 종목이 고점을 형성하였다.

2020년 들어서는 3월 초 코로나 대유행으로 진단키트, 백신 관련주들이 시장의 핵심 종목으로 자리하면서 엄청난 상승을 보여 주었다. 대표적인 종목이 신풍제약, 씨젠 같은 종목들이다.

신약 개발 과정 흐름도

단계	후보 물질 연구 발굴	동물 실험	임상시험 허가	임상 1상	임상 2상	임상 3상	신약 허가 신청	시판 이후 임상
내용	후보 물질 발굴	기초 안전성 확인	인체 실험 개시 신청	정상인 대상 안전성 확인	약효 및 부작용 확인	정기적 안정성 확인	시판 승인 신청	시판 이후 부작용 확인
평균	• 임상 전, 3~6년 소요 • 투자 비용의 45% 사용			• 6~7년 소요 • 투자 비용의 50% 사용 • 개량신약은 기간 단축			• 4~6년 소요 • 투자 비용의 5~10% 소요	

제약 바이오 용어 설명

구분	내용
전 임상	• 임상시험 하기 전, 동물 대상으로 하는 실험
임상 1상	• 20~100명, 건강한 지원자 대상으로 인체 내 작용 확인
임상 2상	• 100~500명, 치료 목적 환자 대상으로 약효의 적합성 실험

구 분	내 용
임상 3상	• 1,000~5,000명, 실제 약의 효능 확인 및 장기적인 안정성 확인
바이오배터 (개량신약)	• 이미 특허권이 만료된 신약에 추가적으로 장점을 배가하여 개발하는 약으로, 보통 개발 기간이 4~5년 정도 소요
제너릭 (복제약)	• 특허권이 종료된 오리지널 신약을 그대로 복제한 제품으로, 임상시험이 면제되며 개발 속도가 중요
오리지널 신약	• 기존에 없던 물질을 개발하여 특허를 인정받을 수 있는 효과를 보이는 신약 제품
바이오 시밀러	• 생물학적 의약품을 '복제'한 것을 의미하며, 복제가 어렵고 생산 과정 및 기술력이 매우 중요
일반 의약품	• 의사 처방전 없이 약사가 바로 환자에게 판매할 수 있는 제품
전문 의약품	• 의사 처방전에 의거하여 판매할 수 있는 제품

해외 공동진출 사례(KRPIA 연간보고서 참조)

관련 회사	내 용
한국애보트	• 약 1~2년 동안 주기적인 간격으로 'aCommerce'라는 미팅 개최 : 한국 바이오제약사들을 초청하여 공동개발, 해외 공동진출 등 모색 & 해외 진출을 위한 글로벌 임상 및 허가/규제에 대한 최신 트렌드에 대한 교육 실시(2019년 aCommerce에는 34개 회사에서 100여 명이 넘는 관련자가 참석)
애브비-동아ST	• 면역항암제 MerTK 억제제 공동 연구 진행
디케이에스에이치 코리아(주)	• 한미약품 개량신약의 동남아 수출(2013) : 아모잘탄(고혈압), 에소메졸(역류성식도염), 피도글(혈전)을 동남아시아 7개국(태국, 대만, 싱가포르, 홍콩, 캄보디아, 라오스, 미얀마)에 10년간 수출 계약 • LSK의 의약품 시장 서비스 확대를 위한 MOU 체결(2017) : 해외 의약품의 국내 시장 도입과 국내 의약품의 아시아 진출을 돕는 사업 확장 서비스 분야의 상호 공동 이익 증진을 위해 협력 • 브링스글로벌과 의약품 시장 협업 MOU 체결(2018) : 헬스케어 제품의 수출입 업무 확장과 온도유지 보안운송 인프라 확보를 목표로 협력

관련 회사	내 용
얀센·유한양행	• 폐암 치료제 '레이저티닙' 공동개발, 상업화 기술 수출 계약
MSD·삼성바이오에피스	• 다수의 삼성 바이오 시밀러 제품에 대한 글로벌 상업화 협력
MSD·동아ST	• 슈퍼박테리아 항생제 신약 '테디졸리드' 공동 해외 진출(미국/유럽)
MSD·한미약품	• 복합고혈압 치료제 '코자XQ' R&D 투자 및 50여 개국 수출
MSD 이노베이션 파트너링 오피스	• 서울바이오허브 내에 'MSD 이노베이션 파트너링 오피스'를 개소 (2020.03)하고 국내 바이오·디지털헬스 스타트업의 글로벌 진출 및 네트워킹 지원 창구 일원화 & 산업발전 도모
한국먼디피아·제네웰	• 국내 개발 창상피복제 '메디폼' 국내 및 해외 판매 협력
한국노바티스(주)	• KOTRA 글로벌 파트너링 컨퍼런스(2017) → KOTRA와 공동주최로 국내 제약·바이오 기업 및 관계기관과 기술 협력 기회 모색을 위한 컨퍼런스 개최
쥴릭파마·보령제약	• '카나브', '카나브플러스'에 이어 고혈압 복합제 '듀카브'와 고혈압 고지혈 복합제 '투베로' 동남아 13개국에 대한 독점 라이선스 계약 체결
쥴릭파마·한독	• '케토톱' 싱가포르, 말레이시아 수출 계약 체결

신약 개발(2020년 임상3상+승인 완료 기업 발췌)

의뢰자	제품명	임상시험 제목
(주)대웅제약	DWP16001	• Metformin으로 혈당조절이 불충분한 제2형 당뇨병 환자에서 metformin과의 병합요법으로서 DWP16001의 유효성과 안전성을 평가하기 위한 다기관, 무작위 배정, 이중 눈가림, 활성 대조, 제3상, 치료적 확증 임상시험
(주)보령바이오파마	DTaP-IPV 혼합백신	• BR-DTPP-CT-301 제3상 임상시험에 참여 또는 정기 예방접종을 통해 디프테리아, 파상풍, 백일해 및 폴리오에 대한 기초접종을 완료한 4~6세의 건강한 소아에게 DTaP-IPV 혼합백신으로 추가접종 시의 면역원성과 안전성을 평가하기 위한 다기관, 단일군, 제3상 임상시험

의뢰자	제품명	임상시험 제목
(주)삼양바이오팜	나녹셀엠주 (도세탁셀무수물)	• 유방암 환자의 수술 전 항암화학요법으로 AC (Doxorubicin, Cyclophosphamide)에 뒤따르는 4주기 Taxotere 대비 AC(Doxorubicin, Cyclophosphamide) 에 뒤따르는 4주기 Nanoxel M 치료의 유효성과 안전성을 비교 평가하기 위한 공개, 무작위 배정, 활성 대조, 다기관, 제3상 임상시험
(주)알바이오	조인트스템	• 퇴행성 슬관절염 환자를 대상으로 자가 지방유래 중간엽 줄기세포 '조인트스템' 투여의 안전성 및 유효성을 평가 하기 위한 장기추적 관찰연구
(주)에스바이오 메딕스	큐어스킨	• 여드름의 치유 과정에서 수반된 함몰성 흉터 환자에게 자가유래 피부섬유아세포 치료제를 투여함에 따른 유효 성 및 안전성을 평가하기 위한 다기관, 무작위 배정, 시험 대상자 및 독립적 평가자 눈가림, 위약 대조, 평행 설계, 제3상 임상시험
(주)엘지화학	제미글립틴- SGLT2 복합제	• Metformin 단독요법으로 혈당이 적절하게 조절되 지 않는 제2형 당뇨병 환자를 대상으로 Metformin에 Gemigliptin과 Dapagliflozin을 추가한 요법의 효능 과 안전성을 Gemigliptin과 Metformin 병용요법 또는 Dapagliflozin과 Metformin의 병용요법과 비교하여 평 가하는 다기관, 무작위 배정, 이중 눈가림, 이중 위약, 활 성 대조, 병행 설계, 제3상 임상시험.
(주)유바이오 로직스	ATGC-100주	• 중등증 또는 중증의 미간주름 개선이 요구되는 성인을 대상으로 ATGC-100주와 보톡스®주의 유효성 및 안전 성을 비교·평가하기 위한 다기관, 이중 눈가림, 무작위 배정, 평행, 활성 대조, 비열등성 제3상 임상시험
(주)유한양행	레이저티닙 (YH25448)	• 상피세포 성장인자 수용체 활성 돌연변이 양성을 동반한 국소 진행성 또는 전이성 비소세포폐암 환자에 대한 1차 치료로서, 게피티니브 대비 레이저티닙의 유효성과 안전 성을 평가하기 위한 제3상, 무작위 배정, 이중 눈가림 임 상시험

의뢰자	제품명	임상시험 제목
(주)종근당	CKD-352	• 안구건조증 환자를 대상으로 점안제 CKD-352의 유효성 및 안전성을 평가하기 위한 활성약 대조, 무작위 배정, 이중 눈가림, 다기관, 제3상 임상시험
(주)파마리서치바이오	BCD200	• 중등증 또는 중증의 미간주름 개선이 필요한 성인 환자를 대상으로 BCD200과 보톡스®주의 유효성 및 안전성을 비교 평가하기 위한 다기관, 이중 눈가림, 무작위 배정, 평행, 활성 대조, 비열등성 제3상 임상시험
(주)한국얀센	CJNJ-67652000	• 유해한 생식세포 또는 체세포 상동 재조합 복구(HRR) 유전자 돌연변이 전이성 거세 민감성 전립선암(mCSPC)이 있는 임상시험 대상자의 투여요법에서 아비라테론 아세테이트 및 프레드니손과 니라파립 병용 대비 아비라테론 아세테이트 및 프레드니손의 제3상, 무작위 배정, 위약 대조, 이중 눈가림 임상시험
Medpace Inc.	Viltolarsen	• 뒤시엔느근위축증(DMD)이 있고 걸을 수 있는 남아에서 Viltolarsen의 유효성과 안전성을 평가하는 제3상, 무작위 배정, 이중 눈가림, 위약 대조, 다기관 임상시험
SK바이오랜드(주)	카티스템	• 발목 관절의 거골 연골/골연골 결손 환자를 대상으로 한 미세천공술 치료에 동종 제대혈유래 중간엽줄기세포 제제인 카티스템® 추가 투여 치료법의 유효성 및 안전성을 비교·평가하기 위한 다기관, 단일 눈가림, 층화 무작위 배정, 제3상 임상시험
SK바이오팜(주)	YKP3089 정	• 부분 발작 시험대상자에게 세노바메이트 보조 요법의 유효성과 안전성을 평가하기 위한 선택적 라벨 공개 연장 단계가 포함된 무작위 배정, 이중 눈가림, 위약 대조, 다기관 임상시험
광동제약(주)	Vyleesi 주사제	• 성욕 저하 장애가 있는 폐경 전 여성을 대상으로 브레멜라노타이드 피하 투여의 유효성과 안전성을 평가하기 위한 다기관, 무작위 배정, 이중 눈가림, 위약 대조, 평행군 제3상 가교 임상시험

의뢰자	제품명	임상시험 제목
국제약품(주)	TFC-003	• 원발성 개방각 녹내장 및 고안압증 환자에서 TFC-003 투여군의 유효성과 안전성을 비교·평가하기 위한 전향적, 다기관, 무작위 배정, 이중 눈가림, 제3상 임상시험
길리어드사이언스코리아	Remdesivir	• 중증 코로나19 시험대상자를 대상으로 렘데시비르(GS-5734™)의 안전성 및 항바이러스 활성을 평가하기 위한 제3상 무작위 배정 임상시험 [# 코로나19]
노보텍아시아코리아(주)	팜레블루맙 (FG-3019) 주	• 특발성 폐섬유증(Idiopathic Pulmonary Fibrosis, IPF) 시험대상자를 대상으로 한 팜레블루맙의 제3상, 무작위 배정, 이중 눈가림, 위약 대조 유효성 및 안전성 임상시험
대원제약(주)	펠루비서방정 (펠루비프로펜)	• 원발월경통 환자를 대상으로 DW9801의 유효성과 안전성을 평가하기 위한 다기관, 무작위 배정, 위약 대조, 이중 눈가림, 교차, 제3상 임상시험
동국제약(주)	DKF-313	• 양성전립선비대증 환자를 대상으로 DKF-313의 유효성 및 안전성을 평가하기 위한 다기관, 무작위 배정, 이중 눈가림, 이중 위약, 3군병행, 48주, 제3상 임상시험
동아에스티(주)	슈가논정 5밀리그램 (에보글립틴타르타르산염)	• Metformin과 evogliptin 병용요법으로 혈당 조절이 불충분한 제2형 당뇨병 환자를 대상으로 dapagliflozin을 추가 병용 투여 시 유효성 및 안전성을 평가하기 위한 다기관, 이중 눈가림, 위약 대조, 무작위 배정, 평행 비교, 제3상 임상시험
바이엘코리아(주)	BAY 94-8862	• 심부전(NYHA II-IV) 및 좌심실 박출률이 40% 이상 (LVEF ≥ 40%)인 대상자의 이환율 및 사망율에 대한 Finerenone의 유효성과 안전성을 평가하기 위한 다기관, 무작위 배정, 이중 눈가림, 평행군, 위약 대조 임상시험
사노피-아벤티스 코리아	SAR231893	• 국소 치료요법을 통해 충분히 조절되지 않거나 이러한 요법이 권장되지 않는 결절성 양진 환자를 대상으로 두필루맙의 유효성 및 안전성을 평가하기 위한 무작위 배정, 이중 눈가림, 위약 대조, 다기관, 평행군 임상시험

의뢰자	제품명	임상시험 제목
삼성바이오 에피스(주)	SB15주40밀리 그램/밀리리터	• 신생혈관성 연령 관련 황반변성이 있는 시험대상자에서 SB15(애플리버셉트 동등생물의약품)과 아일리아® 간 유효성, 안전성, 약동학 및 면역원성을 비교하는 제3상, 무작위 배정, 이중 눈가림, 평행군, 다기관 임상시험
삼천당제약(주)	SCD411	• 신생혈관 연령 관련 황반변성 시험대상자들에게 SCD411과 Eylea® 간의 유효성, 안전성, 내약성, 약동학, 면역원성을 비교하는 제3상 무작위 배정, 이중 눈가림, 병행군, 다기관 임상시험
안국약품(주)	AGT, AGZ	• 원발성 고콜레스테롤혈증 환자를 대상으로 AGT, AGZ의 병용요법과 AGT 단일요법의 유효성 및 안전성을 비교평가하기 위한 다기관, 무작위 배정, 이중 눈가림, 활성 대조, 요인설계 제3상 임상시험
알보젠코리아 (주)	AK-R216	• 메트포르민 단독요법으로 혈당 조절이 불충분한 제2형 당뇨병 환자에게 빌다글립틴을 병용투여 시 속방정 빌다글립틴(가브스정) 대비 서방정 빌다글립틴(AK-R216)의 유효성과 안전성을 비교·평가하기 위한 무작위 배정, 이중 눈가림, 다기관, 제3상 임상시험
일동제약(주)	일동COL-144정	• 편두통의 급성 치료에서 일동 COL-144정의 유효성 및 안전성을 평가하기 위한 무작위 배정, 이중 눈가림, 위약 대조 평행군 제3상 임상시험
일양약품(주)	일양플루백신 4가주(인플루엔자 분할백신)	• 생후 6개월 이상 만 3세 미만의 건강한 영·유아를 대상으로 "일양 인플루엔자분할백신 4가주"의 면역원성 및 안전성을 평가하기 위한 무작위 배정, 이중 눈가림, 활성 대조, 제3상 임상시험
제일약품(주)	Vibegron	• 과민성 방광 환자를 대상으로 JLP-2002의 유효성 및 안전성을 평가하기 위한 다기관, 무작위 배정, 이중 눈가림, 위약 대조, 평행, 가교 임상시험

의뢰자	제품명	임상시험 제목
한국노바티스 (주)	INC280	• MET 엑손 14 스키핑 돌연변이(MET Δex14)를 가진 EGFR wt, ALK 음성, 국소 진행성 또는 전이성(IIIB/IIIC 또는 IV기) NSCLC가 있는 이전에 치료를 받은 환자를 대상으로 SoC docetaxel 화학요법 대비 capmatinib의 제3상, 무작위 배정, 대조, 라벨 공개, 다기관, 글로벌 임상시험
한국로슈	티쎈트릭 (아테졸리맙)	• 수술적 절제 또는 소작술 후 재발 위험이 높은 간세포암종 환자를 대상으로 한 보조 요법으로서, 적극적 감시와 비교한 아테졸리주맙(항-PD-L1 항체)+베바시주맙의 제3상, 다기관, 무작위 배정, 공개 임상시험
한국릴리	LY3009104	• 코로나19 감염 환자에 대한 바리시티닙의 무작위 배정, 이중 눈가림, 위약 대조, 평행군, 제3상 임상시험 **[# 코로나19]**
한국베링거 인겔하임(주)	BI 655130	• 전신 농포성 건선(GPP) 환자를 대상으로 BI 655130 치료의 안전성과 유효성을 평가하는 라벨 공개, 장기 연장 임상시험
한국아스트라 제네카(주)	MEDI4736	• 국소 진행성 절제가 불가능한 식도편평세포암종 환자에게 근치적 화학방사선요법과 Durvalumab을 함께 투여한 제3상, 무작위 배정, 이중 눈가림, 위약 대조, 다기관, 다국가 임상시험(KUNLUN)
한국아이큐비아 (주)	오틸리맙 (GSK3196165)	• 생물학적 DMARD 및 야누스 관련 키나제 억제제에 반응이 불충분한 중등도 내지 중증 활동성 류마티스 관절염 참여자를 대상으로 전통적 합성 DMARD와 병용투여하는 GSK3196165, 위약, 사릴루맙을 비교하는 24 주, 제3상, 다기관, 무작위 배정, 이중 눈가림, 유효성 및 안전성 임상시험.
한국애브비(주)	ABT494	• 타카야수동맥염 환자를 대상으로 Upadacitinib의 유효성과 안전성을 평가하기 위한 제3상, 다기관, 무작위 배정, 이중 눈가림, 위약 대조 임상시험(SELECT-Takayasu)

의뢰자	제품명	임상시험 제목
한국엠에스디(유)	MK-7339, Olaparib	• 새로 진단된 치료 경험이 없는 제한기 소세포 폐암 (Limited-Stage Small Cell Lung Cancer, LS-SCLC) 환자를 대상으로 Pembrolizumab(MK-3475)을 동시 화학방사선요법과의 병합요법으로 투여한 후 Pembrolizumab을 Olaparib(MK-7339)과 병합하거나 병합하지 않은 채 투여하는 방법을 동시 화학방사선요법만의 단독 실시와 비교하는 무작위 배정, 이중 눈가림, 위약 대조, 제3상 임상시험
한국오츠카제약(주)	MCT-SR	• 위염 환자를 대상으로 MCT-SR의 유효성 및 안전성을 평가하기 위한 다기관, 무작위 배정, 이중 눈가림, 활성 대조, 비열등성 제3상 임상시험
한국유나이티드제약(주)	UI063	• UI063의 유효성 및 안전성을 평가하기 위한 다기관, 무작위 배정, 이중 눈가림, 활성 대조, 평행군, 제3상 임상시험
한국파렉셀 주식회사	애플리버셉트 주사 (IAI)	• 미숙아 망막병증 환자에게서 레이저 광응고술 대비 유리체내 애플리버셉트의 유효성, 안전성 및 내약성을 평가하는 무작위 배정, 대조, 다기관 임상시험
한국화이자제약(주)	PF-06651600	• 성인 및 청소년 원형탈모증 시험대상자에게서 PF-06651600의 안전성 및 유효성을 시험하기 위한 제3상 공개, 다기관, 장기 임상시험
한림제약(주)	크레더블플러스정 (HL188)	• 본태성 고혈압과 원발성 고콜레스테롤혈증을 동반한 환자를 대상으로 Ezetimibe/Rosuvastatin과 Telmisartan 병용 투여 시의 유효성과 안전성을 평가하기 위한 다기관, 무작위 배정, 이중 눈가림, 활성 대조, 제3상 임상시험
한미약품(주)	HCP1903	• HGP1910 및 HCP1903의 유효성 및 안전성을 평가하기 위한 무작위 배정, 양측 눈가림, 다기관, 제3상 임상시험

(식품의약품안전처 참고)

KRX BIO(K-뉴딜지수 10종목)

기 업 명	PBR(배)	배당(%)	사 업 내 용
삼성바이오로직스	10.4	-	바이오 의약품 위탁 생산(CMO) 등
셀트리온	11.6	-	각종 단백질 치료제 개발, 생산 등
SK바이오팜	-	-	신약 개발 사업 등(2020년 7월 신규 상장)
셀트리온헬스케어	7.4	-	글로벌 마케팅 및 판매 등
유한양행	2.4	0.60	의약품, 생활건강 사업 등
씨젠	41.7	0.04	진단 시약 및 장비 판매 등
알테오젠	71.6	-	바이오 의약품 개발 등
셀트리온제약	14.4	-	전문 의약품 생산 등
한미약품	4.3	0.18	원료 의약품 제조 판매 등
한미사이언스	5.8	0.33	한미약품 외 다수 기업 지주회사

2021년 투자할 3종목

- 삼성바이오로직스
- 셀트리온
- 유한양행

제약 바이오 산업은 4차 산업 혁명을 기반으로 한 기술융합뿐만 아니라, 양질의 일자리 창출과 고부가가치 창출이 가능한 미래 먹거리 사업이다. 따라서 좋은 기업을 찾아서 투자하는 것은 매우 바람직한 전략이다.

삼성바이오로직스

업종(하는 일) : 삼성그룹의 계열사로 2011년 4월 설립되었으며, 국내외 제약회사의 첨단 바이오의약품을 위탁 생산하는 CMO 사업을 영위한다. 2018년 cGMP 생산을 시작하여 2019년 말 기준 362,000L 규모의 생산 설비를 가동 중이며, 이 시장에서 선발업체를 추월해 생산설비 기준 세계 1위 CMO로 도약했다. 동사의 바이오의약품 연구개발 자회사인 삼성바이오에피스와 아키젠바이오텍은 바이오 시밀러 개발 및 상업화를 진행 중이다.

PER	PBR	부채비율	유보율	영업이익률
269.35	12.55	40	2600	25.01

CHECK POINT : 삼성그룹의 미래 먹거리 핵심 기업으로 부상 중이며, 지속적으로 투자를 확대할 기업이다.

　주가 측면에서는 2021년 이후 시장 상황을 보아야 한다. 추가적 상승은

가능하지만, 2021년 이후 시장이 지지부진하거나 하락장이 연출되면 동종목도 조정이 올 수 있다. 조정이 온다면 1차 조정(720,000원), 2차 조정(560,000원) 까지 하락 가능성을 열어 두어야 한다

셀트리온

업종(하는 일) : 동사는 생명공학기술 및 동물세포 대량배양기술을 기반으로 항암제 등 각종 단백질 치료제(Therapeutic Proteins)를 개발, 생산하는 것을 사업의 목적으로 하고 있다. 아시아 최대인 140,000L 규모의 동물세포배양 단백질의약품 생산설비를 보유하고 있으며, 향후 개발 일정과 수요 등을 고려하여 3공장을 신설할 예정이다. 세계 최초 개발한 자가면역질환 치료용 바이오 시밀러 '램시마'는 2016년 미국 FDA로부터 판매 승인을 받았다.

PER	PBR	부채비율	유보율	영업이익률
162.36	16.28	34	2300	40.88

CHECK POINT : 바이오 시밀러 제품의 해외시장 매출이 지속적으로 증가하고 있으며, 해외 소재의 CMO 업체를 활용하여 총 80,000L 규모의 위탁생산 능력(Capacity)을 확보하였으며, CMO를 포함하여 총 270,000L의 생산 설비를 갖추며, 향후 성장성이 확보된 기업이다.

주가 측면에서는 2020년 코로나 반사이익 및 정부정책, 그리고 시장의 넘쳐나는 유동성에 의한 과도한 상승이 부담스럽다. 따라서 일정 부분

조정이 필요한 시점이며, 조정이 온다면 1차 조정(330,000원), 2차 조정
(260,000원) 까지 하락 가능성을 열어 두어야 한다

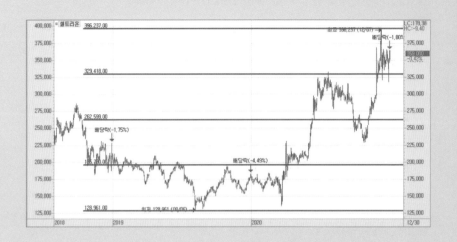

유한양행

업종(하는 일) : 1926년 설립되었으며 의약품, 화학약품, 공업약품, 수의약
품, 생활용품 등의 제조 및 매매를 사업의 주요 목적으로 하고 있다. 약
품 사업 부문의 주요 품목으로는 B형간염 치료제 비리어드 외에도 트라
젠타, 트윈스타, 아토르바, 프리베나, 삐콤씨 액티브 등이 있다. 생활건강
사업 부문의 주요 품목은 유한락스, 칫솔, 치약, 살충제, 표백제 등이 있
으며, 해외 사업 부문은 유한화학에서 생산된 원료의약품을 국내외에 공
급하고 있다.

PER	PBR	부채비율	유보율	영업이익률
127.72	2.81	30	2800	5.48

CHECK POINT : 코로나에도 불구하고 의약품 및 생활건강 사업의 성장이 이어지고 있으며, 2020년 4분기부터는 기술 이전에 대한 마일스톤이 유입되어 본격적인 실적 개선이 가능할 것으로 전망한다.

주가 측면에서는 2020년 코로나 반사이익 및 정부정책, 그리고 시장의 넘쳐나는 유동성에 의한 과매수 구간이라고 판단이 된다. 따라서 일정 부분 조정이 필요한 시점이며, 조정이 온다면 1차 조정(67,000원), 2차 조정(55,000원)까지 하락 가능성을 열어 두어야 한다

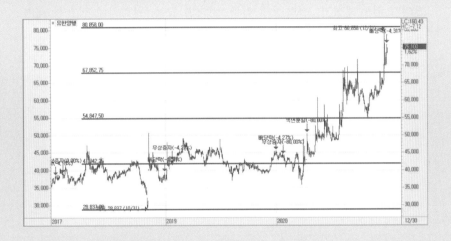

인터넷 업종이란?

2020년 3월 코로나바이러스로 인해 국가 간 왕래가 멈췄고, 기업의 업무 환경이 바뀌었으며, 교육과 일상생활에서도 비대면, 거리두기가 강조되면서 인터넷 업종의 중요성이 더욱 빠르게 부각되었다. 미국이나 우리나라나 외출이 제한되고 모임이 줄어들면서, 온라인 쇼핑, 대화, 전자 상거래가 활발해졌고, 전자결제 업종, 비대면 교육, 원격의료 필요성 재차 강조, 보안, 클라우딩 및 빅데이터가 강조되고 더 크게 부각되기 시작하였다.

양지가 있으면 음지가 있듯이, 여행 및 외출이 자제되면서 항공 산업, 여행 산업, 영화관, 자영업 등이 큰 피해를 입으면서 사회 문제가 되기도 했다.

인터넷 업종은 향후 세상을 지배할 업종으로 이번 코로나로 조금 더 그 시기가 빨라졌다는 것 말고는, 지속적으로 성장하고 발전할 트랜드이다.

인터넷 업종 용어 설명

구분	내용
빅데이터	• 디지털 환경에서 넘쳐나는 엄청난 데이터를 활용하고 분석해서 개별 행동, 위치 정보 등을 예측, 활용하는 기술
클라우드	• 데이터를 중앙 처리 장치에 넣고, 언제 어디서든 인터넷을 통해 활용하는 것

구 분	내 용
VISIT	• 해당 사이트에 방문한 횟수
PV	• 순 방문자들의 총 조회수
CPC (COST PER CLICK)	• 노출에 관계없이 광고 클릭당 가격
CPT (COST PER TIME)	• 광고 비용 측정의 한 방법으로 정해진 시간대 과금
CPM (COST PER MILE)	• 광고 비용 측정하는 모델의 하나로, 1,000회 노출시키는 데 사용되는 비용
모바일 광고	• 모바일 플랫폼을 이용하는 광고
DAILY UNIQUE VISITOR	• 일정 기간 동안 하루에 방문한 순 방문자 수

인터넷 업종 흐름도

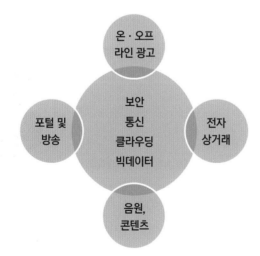

KRX 인터넷(K-뉴딜지수 10 종목)

기 업 명	PBR(배)	배당(%)	사 업 내 용
NAVER	6.7	0.13	포털, 간편결제, 광고, 클라우드 등
카카오	6.0	0.03	SNS, 포털, 커머스, 광고 등
더존비즈온	8.4	0.45	소프트웨어, 전자금융 등
케이엠더블유	14.4	–	무선통신장비 제조 판매 등
NHN한국사이버결제	10.5	0.34	전자결제, 간편 결제 등
아프리카TV	5.2	0.94	1인 미디어 플랫폼 등
KG이니시스	2.1	1.62	전자지불결제대행업(PG) 등
서진시스템	3.14	0.66	통신장비 및 전장 부품 등
안랩	2.9	1.37	통합보안업체, 솔루션 제공 등
유비쿼스홀딩스	2.5	0.45	인터넷 유무선 장비 사업 등

2021년 투자할 3종목

- 카카오
- NHN한국사이버결제
- 유비쿼스홀딩스

미·중 사이의 갈등에서 시작된 보호 무역 강화, 코로나로 인한 산업 생태계 변화 등으로 인터넷 기반 사업은 4차 산업 혁명과 융합되면서 성장과 발전이 지속될 섹터이다. 향후 국가간 경쟁과 선점을 위해 투자와 R&D에 기업과 국가의 미래가 걸려 있다고 해도 과언이 아니다.

카카오

업종(하는 일) : 동사는 국내 1위 메신저인 카카오톡 운영을 바탕으로 성장하였으며, 카카오톡을 중심으로 한 모바일 생태계 안에서 다양한 사업 부문들이 시너지를 발휘하며 수익을 창출하고 있다. 메신저, 포털, 커머스, 모빌리티, 테크핀 등 다양한 생활 밀착형 플랫폼 서비스를 통해 이용자에게 새로운 편익을 제공하고 있다.

PER	PBR	부채비율	유보율	영업이익률
56.44	6.43	50	14300	10.89

CHECK POINT : 자회사인 카카오페이가 2020년 상반기 카카오페이증권을 선보였으며, 카카오게임즈는 2020년 9월 코스닥시장에 상장하였다. 코로나19로 인해 사회적 거리두기가 일상화되어 언택트에 기반한 재택근무가 늘어나면서 비대면 경제가 급성장하였고, 이 트렌드에 수혜를 입어 실적은 가파르게 향상하였다. 특히 비대면 경제의 성장과 4차 산업혁명에 힘입어 지속적인 성장이 기대된다.

주가 측면에서는 2020년 코로나 반사이익과 시장의 넘쳐나는 유동성에 의한 과매수 구간이라고 판단된다. 따라서 일정 부분 조정이 필요한 시점이며, 조정이 온다면 1차 조정(335,000원), 2차 조정(250,000원)까지 하락 가능성을 열어 두어야 한다.

NHN한국사이버결제

업종(하는 일) : 온라인 전자결제대행(PG)사업과 온라인/오프라인 부가통신망(VAN) 사업, 간편결제 관련 사업 등을 영위한다.

PER	PBR	부채비율	유보율	영업이익률
64.10	10.52	140	1300	6.60

CHECK POINT : 코로나19로 인한 오프라인 결제의 감소 추세에 따라 오프라인 사업부의 매출 및 이익 또한 소폭 감소하였지만, 온라인 결제 및 쇼핑이 새로운 생활 트렌드로 정착하면서 안정적 성장이 기대되는

기업이다.

주가 측면에서는 온라인 쇼핑 및 결제 트렌드, 코로나 반사이익, 풍부한 유동성에 의해 과하게 주가가 상승한 과매수 구간이라고 판단된다. 따라서 일정 부분 조정이 필요한 시점이며, 조정이 온다면 1차 조정(54,900원), 2차 조정(39,000원)까지 하락 가능성을 열어 두어야 한다.

유비쿼스홀딩스

업종(하는 일) : 2000년 7월 설립되어, 2017년 3월 물적, 인적분할을 실시한 분할존속회사로, 지주회사 전환 후 자회사 관리 등 지주사업을 영위하고 있다. 인적분할 후 유비쿼스는 네트워크 장비 개발을 담당하며, 물적분할 후 신설된 유비쿼스인베스트먼트는 금융자산운영, M&A 부문 등을 담당하고 있다. 브랜드 및 상표권 등 지적재산권의 관리 및 라이센스업, 자회사 등에 대한 자금지원 및 자금조달 사업 등을 수행한다.

PER	PBR	부채비율	유보율	영업이익률
72.38	2.37	10	2000	21.14

CHECK POINT : 5G 성장세 맞춰 안정적 성장세를 보여 주는 기업이다. 동사는 2020년 5월 29일에 2345억 원 규모의 장비 공급 계약, 2020년 8월 31일에 121억 원 규모의 공급 계약을 체결하였다.

주가 측면에서는 2021년 이후 시장 상황을 보아야 한다. 추가적 상승은 가능하지만, 2021년 이후 시장이 지지부진하거나 하락장이 연출되면 동

종목도 횡보 및 조정이 올 수 있다. 조정이 온다면 1차 조정(25,000원), 2차 조정(15,000원)까지 하락 가능성을 열어 두어야 한다

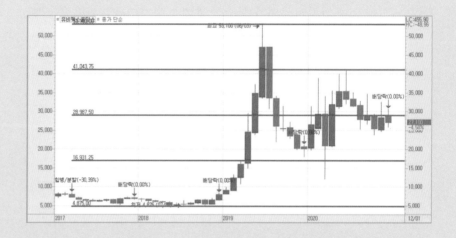

테마주 투자전략: 핫한 이슈 속 돈 버는 주식테마 찾기

게임(GAME)

게임 업종이란?

게임 시장은 온라인과 모바일 장벽이 허물어지고 있다. 우후죽순식으로 게임업체들이 생겨나면서 포화 상태에 이르렀으며, 미래성장성도 기업에 따라 호불호가 갈릴 것이다. 2020년 3월 코로나바이러스로 인하여 자연스럽게 외부 활동이 줄어들고, 혼자만의 시간이 많아지면서 놀이 문화 다양화의 일환으로 게임이 다시 부각되고 있지만, 게임 산업은 어느 정도 교통정리가 필요하다고 생각한다.

게임 분류(비즈니스 모델)

☐ **PC 게임** : 게임 소프트웨어가 저장된 매체를 이용한 게임으로, 미국 블리자드엔터테인먼트의 '스타크래프트'가 대표적이다. PC 게임은 개발 인력 규모가 큰 편이다.

☐ **모바일 게임** : 다운로드를 통해 무료, 부분 유료(아이템 구매 등), 완전 유료 형태로 운용되며, 다운로드는 애플 앱스토어나 구글 안드로이드 마켓에서 다운 받아서 이용한다.

☐ **온라인 게임** : 인터넷 기반에서 게임을 하는 것을 지칭하며, 시스템 방식에 따라 머드 게임(MUD: Multi User Dungeon Game)과 머그 게임(MUG: Multi User Graphical Game)으로 나눌 수 있다.

게임 업종 용어 설명

구 분	내 용
앱 마켓	• 앱 마켓, 또는 앱스토어라고도 하며, 스마트폰에서 사용하는 애플리케이션을 판매하는 공간, 온라인상에서 콘텐츠를 매매하는 곳을 지칭
상용화	• 온라인 게임에서 주로 사용되며, 베타버전이 모두 마무리되고 본격적인 결재가 되는 부분
베타버전	• 상업용 소프트웨어 정식 발표 전에 시험용 배포 제품
클라이언트	• 온라인 게임을 설치하는 프로그램
게임플랫폼	• 게임을 홍보할 수 있는 매개체
FTP (FREE TO PLAY)	• 모바일/온라인 게임을 무료로 다운 받을 수 있으나, 아이템 구매는 대부분 유료
OBT 오픈베타서비스	• 상용화 전에 하는 테스트
CBT 클로즈베타서비스	• 소수 정예 회원을 위한 테스트

KRX 게임(K-뉴딜지수 10종목)

기 업 명	PBR(배)	배당(%)	사 업 내 용
한빛소프트	5.70	-	게임 소프트웨어
넷마블	2.32	-	게임 및 퍼블리싱
펄어비스	5.54	-	게임 및 퍼블리싱
컴투스	2.09	0.88	게임 소프트웨어
NHN	0.89	-	간편결제 및 웹툰
더블유게임즈	1.58	0.58	게임 및 퍼블리싱

기 업 명	PBR(배)	배당(%)	사 업 내 용
웹젠	3.02	–	게임 및 퍼블리싱
네오위즈	1.45	–	게임 및 퍼블리싱
위메이드	2.55	1.56	게임 소프트웨어
골프존	2.17	2.96	스크린골프 외

2021년 투자할 3종목

- 펄어비스
- NHN
- 웹젠

2020년 3월, 코로나19로 인한 개인 일상생활의 변화 및 산업 환경 변화 등으로 게임을 찾고 즐기는 이용자가 늘어나면서 업황도 개선세를 보여 주었다. 게임 산업은 보다 앞선 콘텐츠와 완성도를 보여 주어야 하기에 이전처럼 작은 게임사보다는 자금력과 인력을 겸비한 대형 게임사에게 유리한 환경이 조성되고 있다. 따라서 게임 기업 선정은 재무상태를 더욱 치밀하게 분석하고 접근해야 한다.

펄어비스

업종(하는 일) : 동사는 연결회사 기준으로 게임소프트웨어의 개발 및 퍼블리싱 사업 등을 영위하고 있으며 지배회사인 펄어비스는 게임소프트웨어 개발 및 공급업 등을 사업 목적으로 하고 있다. 동사는 '검은사막' 및 '섀도우 아레나', '검은사막 모바일', '검은사막 콘솔', 'EVE Online'을 지역별로 직접 또는 퍼블리셔를 통해 서비스하고 있으며, 2020년 4월, 일본 지역 서비스를 직접 서비스로 전환하여 현지 유저들과의 소통을 강화하고 있다.

PER	PBR	부채비율	유보율	영업이익률
21.48	5.54	40	10000	35.36

CHECK POINT : 게임 업황은 지속적으로 성장할 것이다. 그러나 과당 경쟁으로 대형사 위주로 재편될 것이기에 소규모 게임 업체는 피하는 것이 좋다. 동사는 기본적으로 재무상태가 안정적이다.

　주가 측면에서는 2020년 코로나19로 인한 사회적 거리두기 및 외부 활동 제한으로 반사이익, 그리고 풍부한 유동성에 의한 과매수 구간이라고 판단된다. 따라서 일정 부분 조정이 필요한 시점이며, 조정이 온다면 1차 조정(250,000원), 2차 조정(220,000원)까지 하락 가능성을 열어 두어야 한다.

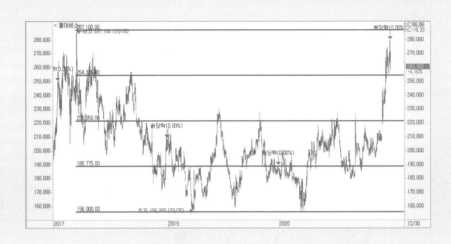

NHN

업종(하는 일) : 2013년 8월, 네이버의 게임 사업 부문을 인적분할하여 설립되었으며, 현재 온라인 및 모바일 게임 사업과 간편결제 서비스 및 웹툰 서비스 등을 운영하고 있다. 동사는 '크루세이더퀘스트', '킹덤스토리' 등의 RPG 게임 및 다양한 장르의 게임을 통해 다변화된 모바일 게임을 선호하는 이용자들의 기대에 부응하고 있다. 매출 구성은 결제 및 광고 39.14%, 게임 32.88%, 기타(콘텐츠 수익 등) 27.99%로 이루어져 있다.

PER	PBR	부채비율	유보율	영업이익률
118.28	0.89	35	17000	6.83

CHECK POINT : 코로나 이후 변화할 경제·사회 문화 등과 큰 트렌드에 비추어 볼 때, 동사는 성장성이 보장된 기업이다.

주가 측면에서는 충분히 추가 상승이 가능한 자리이다. 다만 2021년 시장에서 하락장이 연출된다면, 동 종목도 하락 가능성은 열려 있다. 따라서 일정 부분 조정이 온다면, 1차 조정(65,000원), 2차 조정(51,000원)까지 하락 가능성을 열어 두어야 한다.

웹젠

업종(하는 일) : '뮤 온라인', 'R2', 'Metin2', '샷온라인' 등의 온라인 게임과 'R2M', '뮤 아크엔젤', '뮤 오리진2' 등의 모바일 게임, '뮤 이그니션2(MU IP)', '뮤 템페스트' 등의 웹 게임을 서비스하고 있다. 자체 개발 게임의 서비스에서부터 자체 플랫폼(Webzen.com)을 통한 글로벌 퍼블리싱 사업과 자사 IP를 활용한 IP 제휴 사업 등을 주요 사업으로 하고 있다.

PER	PBR	부채비율	유보율	영업이익률
28.68	3.02	30	2200	37.03

CHECK POINT : 국내 흥행 지속과 중국 신규 게임 출시로 실적 개선이 진행되고 있는 가운데 IP 수수료 위주의 수익구조에서 자체 개발 게임에 의한 이익 비중이 급격히 증가하고 있다. 동사는 북미, 유럽 진출을 가속화하고 IP 제휴 사업 확대 등을 통해 성장세를 이어갈 계획이다.

주가 측면에서는 2020년 코로나로 인한 사회적 거리두기 및 외부 활동 제한으로 반사이익과 풍부한 유동성에 의한 과매수 구간이라고 판단된다. 따라서 일정 부분 조정이 필요한 시점이며, 조정이 온다면 1차 조정(28,000원), 2차 조정(20,000원)까지 하락 가능성을 열어 두어야 한다.

Section 2

2022 대선 테마 속 큰 맥 찾기

주식시장에서 테마주는 주기적으로 반복해서 나오는 테마가 있고, 간헐적으로 기후 변화나 환경에 의해 발생하는 테마가 있다. 특히 5년마다 찾아 오는 대선 테마는 준비와 노력에 따라 큰 수익을 안겨 주기도 한다.

본서에서는 이런 테마에 대한 생각을 깊이 있게 접근해 보도록 하겠다.

주식은 복잡한 정보와 뉴스, 그리고 수많은 사실에 의해 주가가 움직이는 아주 재미있는 심리 게임이다. 그중에서 테마는 딱히 정해진 것이 없다. 다만 일시적으로 시장의 중심 섹터가 되면서 매우 강하게 주가 상승을 보여 준다는 것이 특징이다. 즉, 테마라는 이름으로 '잠시 시장을 주도하다가 사라진다.'라고 생각하면 된다. 따라서 테마주는 적절한 타이밍이 중요하다. 타이밍을 잘못 잡으면 긴 시간 동안 고생하고 인내해야 한다.

그렇다면, 계절성 테마는 무엇인가?

특정 계절에 반복해서 나타나는 경향이 있어서, 시기적으로 환경과 기후 변화 등을 체크하고 선점하는 전략이 필요하다. 즉 계절에 앞선 종목을 선정하여 어느 정도의 수익을 낼 수 있으며, 이런 흐름은 반복하여 나타난다. 따라서 메모해 두었다가 매년 확인하는 노력이 필요하다. 관련 내용은 아래 표로 간단하게 대신하겠다.

계절	매수 포인트	관련 종목
늦겨울+초봄	AI, 신종플루 및 각종 바이러스	이글벳, 파루, 오공, 중앙백신, 진원생명과학 등
봄+초여름	황사, 미세먼지	웰크론, 케이엠, 오공 등
여름(무더위)	전력난(스마트 그리드)	누리텔레콤, 삼화콘덴서 등
여름(무더위)	제과 및 빙과류	빙그레, 롯데푸드 등
여름(긴 여름 장마)	길고 긴 습한 날씨	위닉스, 대유위니아 등
여름(강력한 태풍)	빠른 주기로 반복된 태풍	인선이엔티, 코엔텍 등
늦여름+가을	기상이변, 농작물 피해	조비, 남해화학, 효성오앤비 등
초겨울	갑작스러운 맹추위	의류관련주/골프존 등

01 최근 발생한 이슈성 테마

1. 2019년 역대급 태풍, 2020년 역대급 장마

인선이엔티 (2020년 역대급 장마, 폐기물 관련주)

업종(하는 일) : 동사는 건설폐기물의 수집·운반 및 중간처리업을 영위할 목적으로 1997년 11월 13일에 설립되었으며, 비계구조물 해체부터 건설폐기물의 수집·운반 및 중간처리, 순환골재 생산, 폐기물의 최종처분까지 국내 유일 폐기물 일괄처리 기술 및 특허 보유를 바탕으로 자동차재활용 사업에 진출하였다.

77

TIP : 2020년 역대급 긴 장마에 광범위한 침수 피해까지 덮치면서 폐기물 관련주들이 급등하였다. 이런 이슈에 단기 급등을 하면 되돌림이 나올 수 있기에, 기업 재무상태 및 주가의 위치를 보고 접근해야 한다.

(**와이엔텍**) (2020년 역대급 장마, 폐기물 관련주)

업종(하는 일) : 광주·전남지역에서 폐기물의 수집·운반부터 중간처리, 최종처리에 이르기까지 일괄처리 시스템을 구축하고 있어, 타사에 비해 경쟁력을 갖추고 있다. 탱커선으로 중국 및 아시아권을 운항하며, 용선계약을 통해 대행 운송을 하는 해운 사업을 영위한다. 이외에도 골프장 사업, 레미콘제조 및 판매 사업을 하고 있다.

TIP : 2020년 역대급 긴 장마에 광범위한 침수 피해까지 덮치면서 폐기물 관련주들이 급등하였다. 이런 이슈에 단기 급등을 하면 되돌림이 나올 수 있기에, 기업의 재무상태 및 주가의 위치를 보고 접근해야 한다. 종목을 매수할 때 동일한 업종의 종목들을 같이 관심 종목에 넣고 보아야 하는 이유는 인선이엔티를 비롯한 동일 업종 종목의 주가 흐름이 비슷하기 때문이다. 따라서 동일한 업종의 종목을 포트에 같이 담는 것은 바람직하지 않다. 그 이유는 이들 섹터가 하락하면 같이 하락하기에 비슷한 업종의 종목을 나의 계좌에 담게 되면, 상승할 때는 문제가 없지만, 하락할 때는 계좌에 부담을 주게 된다.

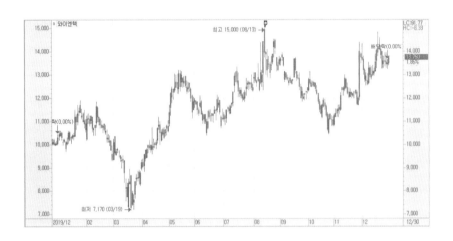

빙그레 (2020년 역대급 장마, 피해 업종, 빙과류)

업종(하는 일) : 우유처리가공 및 동제품 판매업을 주된 사업 목적으로 하고 있으며, 종속회사는 식품의 수입, 수출, 유통 등을 주된 사업 목적으로 하고 있다. 동사의 냉장 품목군 대표 브랜드로는 '바나나맛 우유', '요플레', '아카페라', '따옴' 등이 있으며, 냉동 품목군 대표 브랜드로는 '끌레도르', '투게더', '요맘때' 등이 있다.

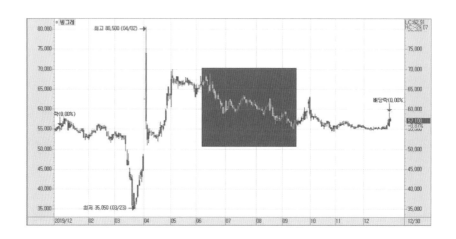

TIP : 2020년 역대급 긴 장마가 여름 성수기인 빙과류의 판매 부진으로 이어지면서 투자심리를 약화시켰고, 그에 따른 주가 하락이 나타난 케이스이다. 차트상 박스 내의 주가 흐름을 보면 여름 성수기(빙과 성수기)에 주가가 계단식으로 내려갔다는 것은 기나긴 장마로 인해 동사의 매수세가 실종되었다는 것을 알 수 있다.

주식시장은 아이러니하게 하나의 이슈(재료)로 어느 업종에는 호재로 어느 업종에는 악재로 반영을 하면서 주가에 희비가 엇갈리게 된다. 주식은 어느 정도 운도 따라야 하고, 그래서 운도 실력이라는 말도 있다.

아프리카돼지열병(ASF: African Swine Fever)

바이러스에 의한 돼지 전염병으로 치료제나 백신이 없어 치사율이 최대 100%에 이른다고
한다.

이지바이오

업종(하는 일) : 동사는 2019년 11월 4일, 이사회에서 '지주회사 부문'과 '사
료 및 기능성첨가제 사업 부문'을 인적분할하는 결의를 통해 이지홀딩스
(분할 전 이지바이오)에서 인적분할된 신설법인이다. 2020년 5월 1일을
분할기일로 하여 2020년 6월 5일 코스닥시장에 재상장하였다. 자돈(새
끼돼지) 전문 사료 및 사료 첨가제 솔루션을 제공하며, 축산업의 지속가능
성을 높일 수 있는 신제품 개발에 매진하고 있다.

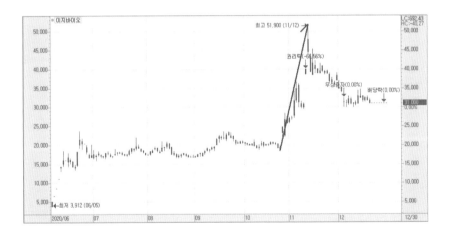

TIP : 야생 멧돼지 폐사체에서 바이러스가 검출되면서, 선제적 살처분이
이뤄지며 관련주들의 급등이 이어졌다. 특히 동사는 무상증자 이슈가 발
생하면서 주가 상승에 탄력을 보여 주었다. 인간이나 동물이나 계절적 테

마는 관심을 갖고 선취매하는 전략도 나쁘지 않다. 조류독감, 구제역 등은 농가에는 아픔이지만, 세상이 혼탁하니 바이러스의 출현은 반복될 것이다.

제일바이오

업종(하는 일) : 동사는 동물의약품 전문회사로, 발효를 기반으로 하는 동물약품을 연구개발·제조·판매하고 있으며, 제품제형화와 일반사료첨가제 사업에 대한 연구개발 성과를 상업화하고 있는 중이다. 국내 발효 설비를 보유하고 순수 우리 기술에 의하여 개발된 원료를 생산하고 판매·수출해오고 있다는 점에서 선도적인 입지에 올라 있다.

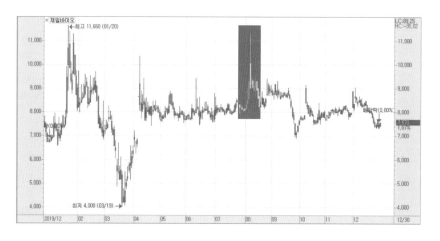

TIP : 야생 멧돼지 폐사체에서 아프리카돼지열병 바이러스가 검출되면서, 선제적 살처분이 이뤄지며 관련주(이글벳, 파루, 대성미생물 등)들의 단기 급등이 이어졌다.

자연 파괴 및 기후 변화로 인한 기존 바이러스의 주기적 발생은 물론 신규 바이러스 출몰은 언제든 가능하다. 따라서 이런 류의 종목은 바닥권에서 분할매수하는 것이 또 하나의 전략이 될 수 있다.

3. 코로나19

코로나19(2020년 12월 말 기준)

국가	총 확진자(명)	사망자(명)	사망률(%)
전 세계	83,425,259	1,818,139	2.1
미국	19,882,335	344,088	1.7
인도	10,266,674	148,738	1.4
브라질	7,675,973	194,949	2.5
한국	62,593	942	1.5

2019년 12월, 중국 우한에서 처음으로 발생이 보고되었고, 2020년 2월에 전 세계적으로 유행하면서 정치, 경제, 사회 문화 등에서 많은 변화와 문제를 야기한 바이러스이다. 국가 봉쇄, 공장 가동 중단, 이동 제한 등 다방면으로 어려움과 고통을 안겨 주었다.

코로나바이러스와의 전쟁은 2021년에도 이어질 것이다. 진단키트, 백신 및 치료제까지 많은 국가와 기업에서 개발 경쟁 중이다.

2021년 1월 1일, 식품의약품안전처에 따르면 2020년 12월 27일 기준, 국내에서 코로나19 백신과 치료제 개발을 위해 임상시험을 진행 중인 한국 제약·바이오기업은 모두 15곳으로 집계됐다.

코로나19 백신 임상시험을 진행 중인 기업은 SK바이오사이언스, 셀리드, 진원생명과학, 제넥신 등 총 4곳이다.

코로나19 치료제는 부광약품, 엔지켐생명과학, 신풍제약, 종근당, 크리스탈지노믹스, 대웅제약, 제넥신, GC녹십자, 셀트리온, 뉴젠테라퓨틱스, 동화약품, 이뮨메드 등 12곳이다.

제넥신이 국내 기업으로는 유일하게 코로나19 백신과 치료제 모두를 개발하기 위한 임상시험을 진행 중이다. 그러나 중요한 것은 결과이다. 과정보다는 결과가 더 중요한 냉혹한 현실을 알아야 한다.

주식투자자들이 알아야 할 것은, 다른 업종 대비 제약 바이오는 기대감에 오르지만, 경우에 따라서는 거짓 정보나 실패하는 케이스가 더 많기에 신중하게 투자해야 한다.

개인적으로 코로나19가 의도적인 바이러스일 가능성도 있다고 생각이 드는 것은 왜일까? 미국 다우지수 월봉 차트를 보면서 깊이 들어가 보겠다.

주요 코로나19 치료제/백신 국내 임상 승인 현황

구분	회사	제품명	임상 단계
치료제	부광약품	레보비르	2상
	엔지켐생명과학	EC-18	2상
	신풍제약	피라맥스정	2상
	종근당	CKD-314	2상
	크리스탈지노믹스	CG-CAM20	2상
	대웅제약	DW1248정	2·3상
			3상
		DWRX2003	1상
	셀트리온	CT-P59	1상(경증 환자 대상) 2·3상(경증·중등증 환자 대상) 3상(환자 접촉자 대상)
	제넥신	GX-17	1b상
	GC녹십자	GC5131	2상
	뉴젠테라퓨틱스	뉴젠나파모스타트정	1상
	동화약품	DW2008S	2상
	이뮨메드	hzVSF-V13	2상
백신	제넥신	GX-19N	1·2a상
	SK바이오사이언스	NBP2001	1상
		GBP510	1·2상
	셀리드	AdCLD-CoV19	1·2a상
	진원생명과학	GLS-5310	1·2a상

2020년 12월 21일 기준(식품의약품안전처)

미국 증시를 보면, 11년간 상승 랠리를 이어 오면서, 시장에서는 10년 주기 폭락장, 지나친 고평가 상태라는 평가가 자주 언급되던 시기였다. 그런데 아이러니하게도 그 시기에 맞춰서 갑자기 코로나바이러스가 등장하였고, 코로나에 대한 공포를 극대화하면서 단 2개월 만에 11년 동안 상승한 상승폭의 절반을 급락시켰다.

그러고는 무슨 일인지, 증시는 코로나가 확산되고 변종이 발생되면서 2020년 상반기 코로나 피해보다, 2020년 연말에 보여 준 피해가 더 크게 발생하는데, 증시는 오히려 역사적인 신고가를 작성하였다.

하단의 표를 보면, 코로나로 인한 급락 이후, 증시는 가파른 상승세를 보였다. 특이한 점은 코로나가 종식된 것이 아니라, 오히려 확산세가 더 커지는 상황에서 증시가 버블식으로 상승을 보여 주었다는 사실이다.

미국 주요 3대 지수	19. 12. 31 종가	20. 3. 23 최저치	20. 12. 31 종가	20년 1년 상승률	20년 저점 대비 상승
다우	28538.44	18213.65	30606.48	7.2%	68.0%
나스닥	8972.60	6631.42	12888.28	43.6%	94.3%
S%P500	3230.78	2191.86	3756.07	16.2%	71.3%

참고로, 대한민국 증시의 변화도 표로 확인해 보겠다.

대한민국 양대 지수	19. 12. 30 종가	20. 3. 16 최저치	20. 12. 30 종가	20년 1년 상승률	20년 저점 대비 상승
거래소	2197.67	1439.43	2873.47	30.7%	99.6%
코스닥	669.83	419.55	968.42	44.5%	130.8%

또 하나, 코로나가 만든 작품 중의 하나가 바로 국제유가이다.

코로나로 교역이 줄고, 항공 및 선박 운항이 줄고, 외출을 자제하면서 자동차 사용이 줄어 국제 유가는 공포의 하락을 보여 주기도 했다. 산유국들이 돈을 줄 테니 원유를 가져가 달라고 하는 현상까지 나타나게 되었다. 뽑아 내는 원유를 저장할 곳이 없다 보니 제발 가져가 달라는 것이었다. 그러다 보니, 유가가 장 중에 -320.69%까지 하락하면서 기현상을 차트에 남겼다.

역사적인 순간이니, 아래 차트를 보면서 얼마나 공포스러운 구간인지를 느껴 보시기 바란다.

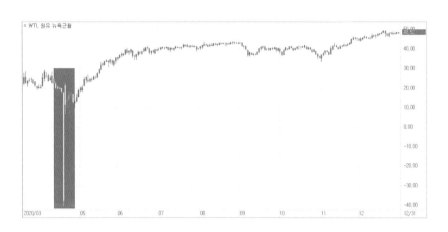

신풍제약

업종(하는 일) : 1962년 6월 5일, 의약품 제조를 주목적으로 설립되었으며, 1990년 1월 20일에 유가증권시장에 상장하였다. 주요 사업 목적은 완제의약품 및 원료의약품 등의 제조 및 판매이며, 경쟁력 강화 및 미래 성장 동력 확보를 위하여 중장기적으로 글로벌 신약 개발에 힘쓰고 있다. 이러한 연구과제 수행의 자원을 확보하기 위하여 단기적으로 개량 신약 및 퍼스트제네릭 출시를 목표로 하고 있다.

TIP : 2020년 2월 3일, 6,290원에서 자체 개발한 말라리아 치료제 피라맥스가 코로나19 치료제 후보로 주목받으면서, 8개월 만에 214,000원까지 3,400% 폭등하였다. 코로나 수혜주 중에서 최고의 히트 종목이다.

> **씨젠**

업종(하는 일) : 동사는 유전자 분석 상품, 유전자 진단 관련 시약 및 기기 개발을 주요 사업 목적으로 2000년에 설립되었으며, 같은 해 코스닥시장에 상장하였다.

타겟으로 삼은 유전자만 증폭시켜 질병의 다양한 원인을 정확하게 분석할 수 있는 멀티플렉스 유전자 증폭 시약 및 분석 소프트웨어의 원천기술을 보유하고 있으며 Seeplex, AnyplexⅡ, Allplex이 주요 제품이다. 연결대상 법인으로 진단 시약 및 장비 판매업을 영위하는 해외법인 8개사를 보유하고 있다.

TIP : 동사의 코로나19 시약 Allplex는 세 가지 특이 유전자를 검출하는 차별성을 가지고 있다. 특히 팬데믹으로 코로나19 시약과 진단키트 매출이 급증했다. 코로나19 사태가 장기화되고, 동사 시약의 우수성이 널리 인정받으면서 주가도 급등에 급등을 보여 주었다. 2020년 2월 3일, 29,100원에서 7개월 만에 322,200원까지 1,100% 폭등하였다. 코로나 진단키트 수혜주 중에서 최고의 히트 종목이다.

업종(하는 일) : 동사와 종속회사는 원격 소프트웨어 개발 및 공급 사업을 영위하고 있으며, 원격지원과 원격제어 분야에 지속적인 기술 투자와 사업 역량을 집중해 오고 있다. 그에 따른 성과로 동사는 일본 및 아시아 시장 내 점유율 1위 기업이고, 세계 5위 글로벌 기업(IDC Report, 2015)으로 성장하였다. 세계 최초의 안드로이드 기반 모바일 원격지원 솔루션인 리모트콜 모바일팩을 출시하여 신규 시장을 이끌고 있다.

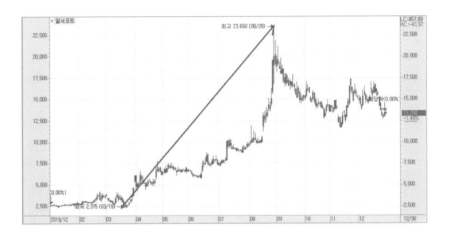

TIP : 비대면 산업의 급성장 등에 힘입어 매출액 및 영업이익이 눈에 띄게 증가하였다. 특히 저금리와 풍부한 유동성으로 인한 단기 수급의 유인도 주가 급등 요인 중 하나이다.

유동성 장세에서는 주가 상승이 논리적으로 설명되지 않는 경우가 많다. 분명 밸류에이션상 고평가 상태이지만, 시장에 넘쳐나는 돈으로 주가를 끌어 올릴 때는 모든 악재를 무시하고 주가를 끌어 올리게 된다. 동종목도 2020년 3월 19일, 2,375원에서 6개월 만에 23,650원으로 거의 1000% 가까이 상승했다.

업종(하는 일) : 국내 및 해외에서 자회사 포함 약 4,500명이 넘는 직원이 여행서비스를 제공하는 국내 최대의 여행 기업이다. 종속회사 에스엠면세점은 인천공항 제1, 2여객터미널과 시내면세점 입찰에 참가하여 면세사업권을 획득하였으며, 인천공항 제1여객터미널 입국장 면세점 입찰에도 참여하여 2019년 5월에 오픈하였다. 호텔 사업 부문은 티마크호텔, 센터마크호텔 등이 있다.

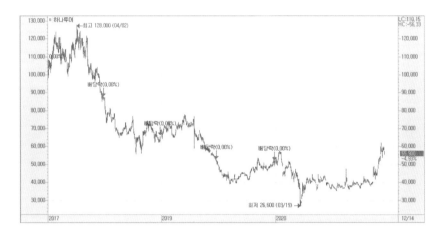

TIP : 코로나19의 영향으로 관광 산업 전체가 침체기를 맞이하였으며, 그에 따른 피해가 큰 기업이었다. 동사의 마크호텔은 서울 시내 2개 분점 휴점, 1개 분점은 축소 영업중이며, 출판 및 인쇄물 제작업을 수행하는 하나티앤미디어의 청산 절차를 진행하고, 여행용품을 판매하는 온라인몰 '하나샵'을 정리하며 유동성 확보와 비용 절감에 나서고 있다. 코로나로 국가간 이동이 제한되고, 사회적 거리두기를 하면서, 여행 자체를 생각할 수 없는 기간이 길어졌다. 그에 따른 여행업, 관광업, 호텔업, 항공업 등의 피해는 불가피한 상황이었다.

업종(하는 일) : 동사는 항공운송 사업을 주요 사업으로 영위하고 있으며, 국내 13개 도시와 해외 43개국 111개 도시에 여객 및 화물 노선을 보유하고 있다. 항공운송 사업은 각 노선별 수요 변동 및 항공사 동향을 고려한 탄력적 공급 조정을 실시한다. 화물 사업은 우편물, 신선화물, 생동물, 의약품 등 고수익 품목의 영업을 확대하면서 수익을 제고할 계획이다.

TIP : 코로나19의 영향으로 여객 매출이 큰 폭으로 축소되었으며, 글로벌 관광 산업 전체가 침체기를 맞이하면서 항공업도 큰 위기를 맞았다. 그래도 화물기 가동률 제고, 화물 전용 여객기 운영 등의 대체 전략을 적극 구사하면서 매출을 충당하였다. 특히 화물 부문 매출을 제고한 결과 영업손실을 최소화할 수 있었다.

코로나는 참으로 많은 분야에 어려움을 남겼다. 공장 가동 중단, 국가 간 이동 제한, 사회적 거리두기 등을 시행하면서 중소 제조기업, 자영업, 여행업, 관광업, 호텔업, 항공업 등의 피해가 가장 컸다.

강원랜드

업종(하는 일) : 국내에서 유일하게 내국인이 출입 가능한 카지노로, 고품격 호텔과 컨벤션 센터 및 콘도, 스키장, 골프장 등을 갖추고 있다. 리조트 사업의 지속적인 성장을 도모하고자 하이원 워터월드를 개장하였으며, 봄 야생화 카트 투어, 여름 워터월드, 가을 하늘길 트레킹, 겨울 스키장 등 사계절 즐길 거리를 갖추고 있다. 한국관광공사 선정 가을 비대면 관광지인 '하늘길 트레킹' 등을 운영하고 있다.

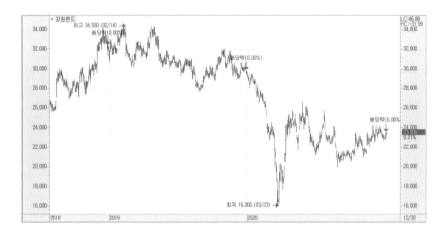

TIP : 코로나19의 영향으로 여객 매출이 큰 폭으로 축소되었으며, 글로벌 관광 산업 전체가 침체기를 맞이하면서, 카지노 업계도 보리고개를 보낸 시기였다.

　코로나19 확산에 따른 안전한 관광상품 제공을 위하여 비대면·비접촉이 가능한 액티비티 및 트레킹 상품을 다양화하고 있다. 리조트 경쟁력 강화 및 수익 개선을 위한 다양한 사업을 진행 중으로, 2021년에 완공 예정인 하이원 루지 트랙, 체어리프트 등과 2022년에 완공 예정인 탄광문화공원 등이 있다.

02 대선 테마 관련주란 무엇인가

2022년 3월, 20대 대통령 선거가 치뤄진다. 2021년 3월, 현재로선 다크호스로 등장한 윤석열 전 검찰총장 그리고 여당에서 이재명 경기도지사가 선두를 달리고 있고, 이낙연 위원장은 시간이 흐를수록 지지율이 떨어지는 상황이다. 언제 어디서 새로운 주자가 또 나올지 알수 없는 대선 레이스이기에 결과는 어느 누구도 장담할 수 없다.

현재 여당에서는 이재명, 이낙연, 정세균, 유시민 등이 거론되고 있으며, 야당에서는 윤석열 전 검찰총장이 다크호스로 급부상하고 있는 가운데 김무성, 유승민, 오세훈, 홍정욱, 김세연, 홍준표, 안철수 등도 거론되고 있다. 2021년 미국 대선이 마무리되었고, 코로나가 안정되면 증시도 견조한 흐름을 보이겠지만, 증시가 변죽을 보이면서 변동성이 심하면, 오히려 대선 테마주들이 더 부각되기도 한다.

대선 테마주는 처음에는 인물주(인맥)가 움직이다, 그 다음에는 정책주로 넘어가게 된다.

4대강 테마주로 보는 대선 테마 관련주의 흐름

2008년 2월 25일에 취임한 이명박 대통령이 제17대 대통령선거에서 공약한 4대강 관련주가 가장 핫하게 올랐던 기억이 나는데, 관련주의 흐름을 보면서 대선 테마주의 상승과 하락의 희비를 느끼시길 바란다.

차트를 보면, 이명박 대통령의 임기가 2008년 2월에 시작했는데, 테마주는 이미 1년 전부터 움직이기 시작해서 대통령 선거 투표 전에 마무리되는 것을 알 수 있다. 즉 테마주는 **타이밍이 제일 중요하고, 늦게 접근할 바에는 안 하는 것이 더 바람직하다.** 뒤늦게 고점에 물리면 긴 시간 아픔과 인내가 필요하기 때문이다.

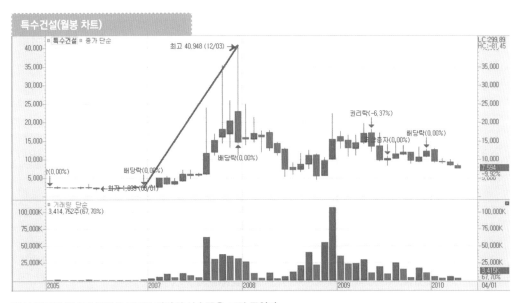

대선 전까지 딱 1년 만에 2,000% 이상의 상승률을 보여 주었다.

95

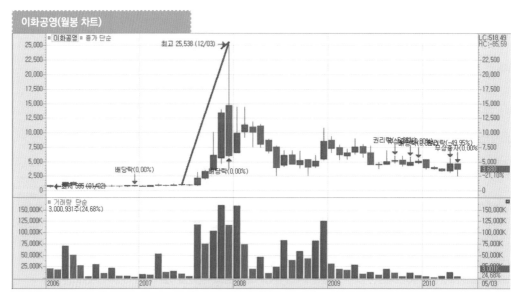

이화공영(월봉 차트)

대선 전까지 딱 6개월 만에 2,500% 이상의 상승률을 보여 주었다.

진흥기업(월봉 차트)

대선 전까지 변죽을 보이며, 급등과 급락을 두 차례 보이면서, 조금은 어렵게 대응하게 만든 차트이다. 2007년 초반에는 250% 상승, 이후 급락하고 다시 350% 상승하고 이후 하락의 공포를 제대로 보여 주었다.

03 2022 대선 테마 – 인물 테마

여당(이재명)

종 목	테마 연관성
에이텍	성남시장때부터 테마로 연결(성남창조경영 운영위원)
인터지스	사법연수원 동기 설
프리엠스	중앙대 동문 설
토탈소프트	중앙대 동문 설

그 외에 에이텍티앤, 티엘아이, 캠시스, 솔본, 쏠리드, 인포뱅크 등

여당(이낙연)

종 목	테마 연관성
남선알미늄	모회사(SM그룹) 우회장과 호남출신 친분 설
이월드	광주제일고, 서울대 동문 설
남화산업	대표이사 광주제일고 동문 설, 회사 위치가 지역구 소재
디와이	조회장 서울대 동문 설

그 외에 제주반도체, 부국철강, SDN, 삼본전자, 금호산업 등

여당(정세균)

종 목	테마 연관성
알루코	알루코회장과 동향 설
수산중공업	정회장과 정씨 종친 관계 설
케이탑리츠	고려대 동문 설
쌍용양회	쌍용그룹 상무이사 출신 설

그 외에 대한약품, AP위성, 에스모 등

여당(유시민)

종 목	테마 연관성
YBM넷	서울대 경제학과 동문 설
포비스티앤씨	서** 사외이사가 최측근 친분 관계 설
보해양조	사외이사 재직(2020년 3월까지)
테라젠이텍스	서울대 동문 설

그 외에 풍강, 흥국, 엘비세미콘, 에코플라스틱, 정산애강 등

여당(김부겸)

종 목	테마 연관성
국영지앤엠	서울대 동문 설
티에이치엔	경북고, 서울대 출신 설
세중	사돈지간이라는 설
고려아연	사돈지간이라는 설

그 외에 시그네틱스, 윈스, 아즈텍WB, 영풍정밀 등

테마주 투자전략: 핫한 이슈 속 돈 버는 주식테마 찾기

야당(윤석열)

종 목	테마 연관성
서연	검찰 시절 같이 근무했다는 설
신원종합개발	서울대 동문 설
NE능률	대표이사가 파평윤씨 설
원익큐브	검찰 시절 같이 근무했다는 설

그 외에 서연탑메탈, 덕성, 성보화학 등

야당(안철수)

종 목	테마 연관성
안랩	최대주주
써니전자	안랩 재직했던 송**이사가 대표이사로 근무(현재는 사임)
다물멀티미디어	서울대 인연 및 대학원 동문 설
데이터솔루션	서울대 동문 설

그 외에 오픈베이스, 링네트, 아남전자, 솔고바이오 등

야당(홍정욱)

종 목	테마 연관성
고려산업	국립중앙박물관회 연관성 설
벽산	혼맥 및 하버드 동문 설
휘닉스소재	혼맥 관련 설
KNN	가족이 대주주라는 설

그 외에 한국프랜지, 하즈, 디지틀조선, 태영건설, 동양물산 등

야당(오세훈)

종 목	테마 연관성
진양산업	고려대 동문 설
금양	고려대 동문 설
KMH	고려대 동문 설
SCI평가정보	고려대 동문 설

그 외에 진양홀딩스, 진양화학, 기산텔레콤, 윌비스, 보락 등

야당(황교안)

종 목	테마 연관성
한창제지	성균관대 동문 설
성문전자	성균관대 동문 설
우진플라임	성균관대 동문 설
뉴인텍	성균관대 동문 설

그 외에 국일신동, 아세아텍, 티비씨, 대구백화점, 대영포장 등

야당(김무성)

종 목	테마 연관성
디지털조선	친인척간이라는 설
전방	부친이 창업자라는 설
체시스	고교, 대학 동문이라는 설
중앙오션	중앙대 동문이라는 설

그 외에 유유제약, 엔케이, 수산중공업, 조일알미늄, 대원전선 등

야당(유승민)

종 목	테마 연관성
삼일기업공사	위스콘신 대학원 동문 설
대신정보통신	위스콘신 대학원 동문 설
서한	매형이 사외이사 재직 설
DSR제강	위스콘신 대학원 동문 설

그 외에 대륙제관, 두올산업, 세우글로벌, 동방선기 등

야당(홍준표)

종 목	테마 연관성
세우글로벌	회사 소재지 연관 설
영화금속	회사 소재지 연관 설
두올산업	회사 소재지 연관 설
토탈소프트	경남 창녕 출신 연관 설

그 외에 경남스틸, 휴맥스, 한국선재, 동방선기 등

대선 주자로 등장한 안철수

서울대학교 의과대학을 졸업하고, 1991년 V3라는 컴퓨터 바이러스 백신 프로그램을 개발하였다. 이후 경영자로서 안철수연구소를 설립하여, 성공한 벤처기업가로 자리매김하였다.

2005년 안철수연구소 CEO에서 물러난 뒤, 다채로운 이력이 알려지면서 시민들의 관심을 받았고, 이후 시골의사로 유명한 박경철 작가와 방송인 김제동과 더불어 청춘콘서트를 진행하여 많은 사람에게 높은 지지를 얻게 된다. 이러한 지지를 자산으로 2012년 9월 19일, 정치권에 입문하였다. 이후 많은 우여곡절을 겪으면서 국민의당 당대표로 2021년 서울시장 보궐선거에 야권 주자로 도전하였다.

안랩

업종(하는 일) : 동사는 1995년 3월 15일에 설립되었으며, 2001년 한국거래소 코스닥시장에 상장하였다. 글로벌 통합보안 기업으로서 컨설팅-솔루션-관제 등 시큐리티 라이프 사이클 상의 기술과 서비스를 자체 역량으로 제공하는 국내 유일의 통합보안업체이다.

계열회사를 통하여 일본에서는 모바일 보안 솔루션을 집중적으로 전개하고 있고, 중국에서는 수많은 제조업체가 산재해 있어 생산라인 보안과 네트워크 보안에 주력하고 있다.

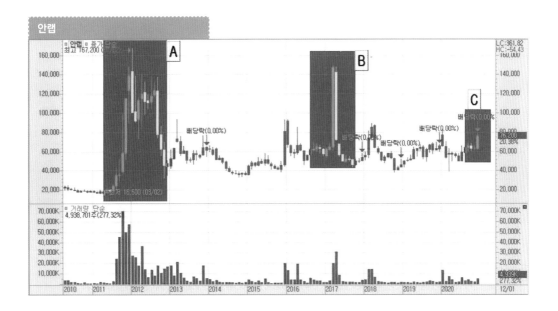

TIP : 안랩은 안철수라는 정치인과 함께하는 흐름을 보여 준다. 처음 정치에 입문한 시기인 '박스A' 구간에는 주가의 상승율과 상승 기간이 길었다. 이후 '박스B' 구간인 2017년 18대 대통령 선거 당시에는 그 영향력이 적다 보니, 상승폭과 상승 기간이 줄어들었다.

이번 '박스C' 구간인 2021년 서울시장 보궐선거의 결과와는 무관하게 일정 부분 상승은 주겠지만, 보궐선거의 결과에 따라 그 상승폭과 상승 기간이 줄어드는 것은 어쩔 수 없을 것이다.

써니전자

업종(하는 일) : 동사는 1966년에 써니전기공업주식회사로 설립되어 수정진동자 및 응용제품 등 정밀공업용제품을 제조·판매하는 회사로서, 1987년 유가증권시장에 상장하였다. 동사의 사업 부문은 수정진동자 사업부와 통신사업부로 구성되며, 주요 제품으로는 크리스탈진동자(Cristal Unit), ATS, SMD 등이 있다. 주요 매출처인 LG유플러스, SK브로드밴드 등이 수요 증가에 따른 통신망 구축을 강화하고 있어, 관련 통신기기 시장은 지속적으로 성장이 예상된다.

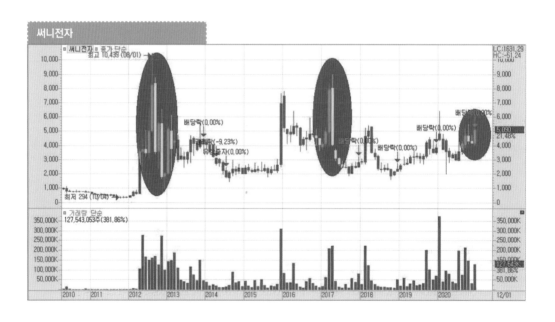

TIP : 동사는 안철수 테마주로 엮이면서, 안랩 대비 상대적으로 큰 변동성을 보이는 주가 흐름을 연출한다. 이외에도 다믈멀티미디어, 까뮤이앤씨 등이 관련주로 엮여 있다.

2022년 대선 전초전 이미 시작

인물주들은 대선 1년 전부터 움직임을 보인다. 이번 대선에서는 야당인 국민의힘에서 2020년 12월 말까지 대선 주자가 나타나지 않다 보니, 여당 인물주들도 크게 움직임은 없다. 그래도 관련 대표주들의 2020년 12월 말 주가 흐름을 보면서, 2021년 상반기 변동성이 나올 종목을 나열해 보겠다.

남선알미늄(이낙연 관련주)

업종(하는 일) : 동사는 1947년에 설립되었으며, 1978년 유가증권시장에 상장하였다. 창업 이래 알루미늄 분야의 종합 생산회사로서, 축적된 기초기술과 공정기술로 국내 알루미늄 압출 분야에서 확고한 위치를 차지하고 있다. 동사의 사업은 알루미늄 사업 부문, 자동차 사업 부문, 기타 부

문(국내외 투자증권 및 주식소유업) 총 3개 부문으로 구분되며, 주요 제품으로는 알루미늄 새시, PVC 창호 등이 있다.

TIP : 이낙연은 여당의 대표적인 대선 유력주자로서, 향후 이재명, 정세균 등과 각축을 벌일 것으로 예상된다.

에이텍(이재명 관련주)

업종(하는 일) : 동사는 LCD 디스플레이 응용제품을 제조, 생산·판매할 목적으로 1993년에 설립되었다. 동사는 녹색기술인증을 받은 절전형 PC 및 LED 모니터, 굿디자인 수상 슬림형 PC, 금융모니터 및 엘리베이터 DID 등을 개발한 기술력 및 노하우를 보유하고 있다. 주력 시장은 공공기관용 PC 및 모니터 시장이며, 전체 공공기관용 PC 및 모니터 조달시장에서 20%를 상회하는 시장 점유율을 보이고 있다.

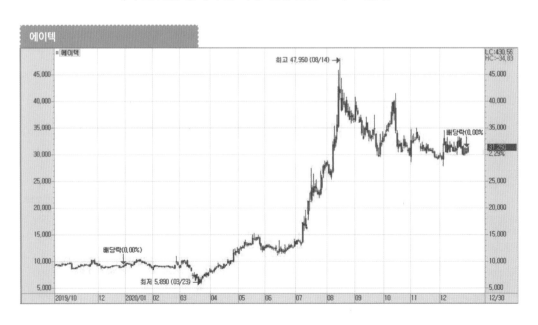

TIP : 이재명 경기도지사는 호불호가 확실한 인물이다. 그러다 보니, 이슈 메이커 역할도 가능하다. 성남시장 시절 '일 잘하는 시장'으로 정평이 났으며, 현재 경기도에서도 깔끔한 일 처리로 호평을 받고 있다. 다만 전국적 인지도에서 떨어진다는 것이 단점이다. 2020년 연말까지의 선호도 조사를 보면, 이낙연보다는 앞서는 평가가 나오는데, 에이텍 주가도 일정 부분 상승을 이미 보여 주었다.

정치 테마주, 인물주들은 뉴스 하나 하나에 급등·급락을 하기에 그런 점을 유의하면서 대응해야 한다.

쌍용양회(정세균 관련주)

업종(하는 일) : 1962년에 설립되어 시멘트 사업, 석회석 사업, 해운 사업, 환경자원 사업, 임대 사업을 영위하는 회사로, 1975년 상장하였다. 종속회사들이 영위하는 사업에는 시멘트 사업(쌍용기초소재, 한국기초소재 등), 해운 사업(쌍용로지스틱스, 한국로지스틱스), 레미콘 사업, 골재 사업 등이 있다. 연안의 동해공장과 내륙의 영월공장을 동시에 보유하고 있어 전국적인 시장 유지와 지역별 수급상황에 따라 탄력적인 대응이 가능하다.

TIP : 2020년 12월에 한앤코시멘트홀딩스로 최대주주가 변경되었으며, 우선주는 자진 상장폐지를 하였다. 평균 배당 수익률이 6.29%로 배당 매력이 있는 종목이다. 특히 정세균 국무총리가 한때 근무했기 때문에 정세균 관련주로 엮여 있다. 현재까지 대선 주자로 크게 부각되고 있지는 않지만, 이낙연 후보의 영향력에 따라 대선 주자로 나올 가능성도 있어 보인다. 이 부분은 필자의 상상력이다.

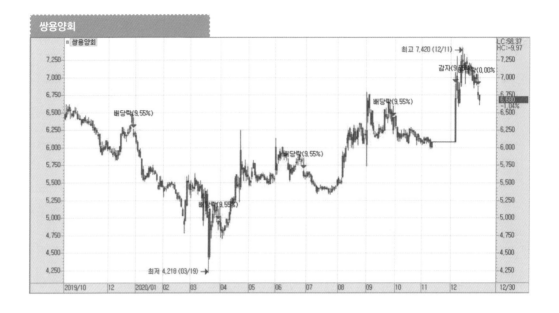

쌍용양회

(KNN(홍정욱 관련주))

업종(하는 일) : 1994년에 설립되어 방송법에 근거하는 지상파 TV, 라디오 방송, 광고 사업을 주된 사업으로 영위하고 있다. SBS와 네트워크 협약을 통해 부산경남권역에서 지역 KBS총국, 지역 MBC와 경쟁하고 있으며, 부산·경남 660만 명의 시청자를 단일 방송권역으로 가진 유일한 방송사업자라는 차별성을 갖고 있다. 방송광고 영업시장 내에서 민영미디어렙인 에스비에스엠앤씨의 적극적인 영업과 서비스를 통해 경쟁매체와의 차별성을 높여가고 있다.

TIP : 2021년 3월 초에도 야당 쪽에서 대선 후보로 거론되는 인물 가운데 윤석열 전 검찰총장을 제외하면 유력한 후보는 없다. 그러다 보니 추측성 뉴스만 나오고 있는 실정이다. 홍정욱이라는 인물이 학력이나 배경은 나

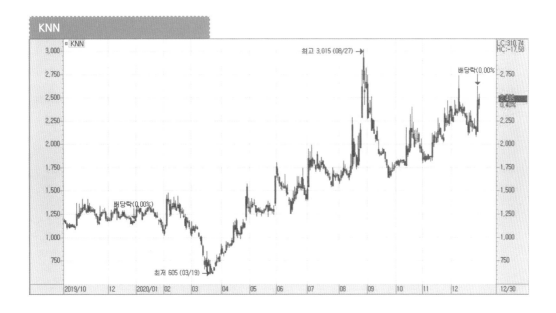

름대로 금수저이지만, 자식 문제가 걸림돌이 되고 있다. 본인의 결정 여부
에 따라 주가는 변동성을 보여 줄 것이다.

대신정보통신(유승민 관련주)

업종(하는 일) : 동사는 1987년에 설립되었으며, 1995년 9월 30일 코스닥
시장에 상장하였다. 주요 사업의 내용으로는 소프트웨어 개발, 자문 판매
및 용역업, 정보처리 서비스업, 음성정보제공 서비스업, 데이터 단순전송
서비스업, 전산 교육사업, 정보통신공사업 등이 있다. 시스템통합 사업은
사용자의 환경과 요구에 가장 적합한 정보시스템을 구축, 운영하기 위하
여 컨설팅, 분석, 설계, 개발 등을 종합적으로 수행하는 산업이다.

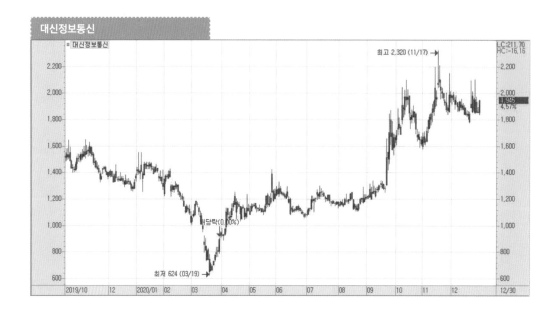

TIP : 유승민이라는 인물이 부각되면 항상 동반 상승하는 기업이다. 본인은 이번 2022년 대선에 출마한다고 하는데, 차별성이 부족하다는 생각이 든다. 이제는 진부한 기성 정치인 냄새가 강하다는 것이 약점인 듯하다. 그러다 보니, 영향력이 떨어진다는 생각이 든다. 본인의 영향력에 따라 대권에 얼마나 근접하느냐는 동 종목의 주가 흐름에도 영향을 줄 것이다.

진양화학(오세훈 관련주)

업종(하는 일) : 동사는 2001년 (주)진양으로부터 합성수지 사업 부문을 분할하여 설립되었으며, 2001년 유가증권시장에 상장되었다. 동사는 PVC바닥장식재, 합성피혁 등의 사업을 영위하고 있다. 주요 제품은 바닥재, 인조피혁, 천막지, 자동차용원단 등이며, 주요 매출처는 코오롱글로텍(주)과 Komlog Importacao Ltda, 건자재 관련 대리점 등이다.

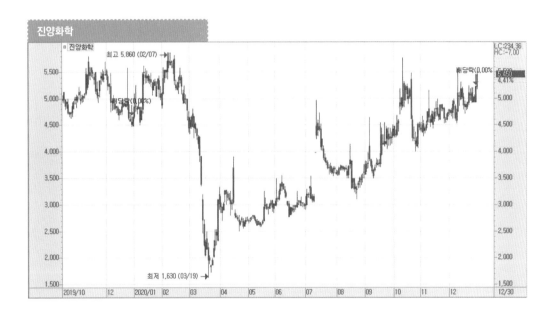

TIP : 오세훈이라는 인물이 부각되면 동반 상승하는 기업 중 하나이다. 오세운 전 서울시장은 시장직 중도사퇴라는 핸디캡과 지난 21대 총선 낙선에도 불구하고 최근 제1야당의 서울시장 후보로 나섬으로써 다시 주목받고 있다.

04 2022 대선 테마 - 정책 테마

여당·야당을 떠나 대선 주자들은 국민이 원하는 것을 정책으로 선정할 것이기에 이를 정리해 보았다.

일자리 문제

최근 국가 정치 경제에 있어서, 가장 민감하고 중요한 이슈이다. 빈부 격차가 심해지고 일자리가 줄어들면서, 사회 문제로까지 번지며 갈등의 트리거가 되고 있는 문제이다.

관련주 사람인에이치알, 윌비스, 에스코넥, DSC인베스트먼트, 대성창투 등

저출산 문제

요즘 젊은 세대들은 결혼에 대한 필요성이 줄어들면서, 결혼관 및 자녀에 대한 욕심도 줄어들고 있다. 결혼 및 육아에 대한 부담은 경제적 측면과 가장 밀접하다. 미래에 대한 불안이 결혼을 미루게 되고, 결혼을 해도 자녀를 낳아서 기르는 것이 걱정인 것이다. 그러다 보니 출산이 줄어

들고, 저출산이 지속될수록 대한민국 미래에 대한 청사진이 암울할 수밖에 없다.

관련주 제로투세븐, 아가방컴퍼니, 캔서롭(난임치료 지원 정책) 등

고령화 문제

저출산에 따른 노동 인구는 줄어들고, 의료 기술 발달에 따른 생명 연장에 따른 고령화가 사회적 큰 문제이다. 준비 안된 노후, 빈곤 계층으로 전락하는 노인 등 해결해야 할 과제들이 너무도 많다.

관련주 인바디, 인성정보, 뷰웍스, 차바이오텍, 오스템임플란트 등

신재생 에너지

기후 변화 및 자연 재해의 발생 빈도가 빈번해지고, 강도가 강해지면서 환경의 중요성이 갈수록 높아지고 있다. 그러다 보니 전기자동차, 수소차, 풍력, 태양광 등 신재생 에너지의 중요성이 더욱 강조되고 있다. 앞으로는 화석 연료가 아닌 자연 친화적 에너지가 대세가 될 것이다.

관련주 씨에스윈드, 유니슨, OCI, 동국S&C, LG화학, 삼성SDI, SK이노베이션, 현대모비스 등

영남권 신공항

선거철만 되면 감초처럼 등장하는 이슈이다. '기존 김해공항을 연장할 것인가? 아니면 신공항을 건설할 것인가?'를 놓고 항상 기 싸움과 정치 싸움이 벌어지는 재료이다. 이번에는 여야 할 것 없이, 신공항 개발에 열을 올리고 있다. 결국 표를 구할 생각에, 대구 지역 표를 버리고, 부울경(부산, 울산, 경남) 표를 얻겠다는 전략인 것 같다. 누구에게 도움이 되는 전략인지는 모르겠지만, 여야가 공약으로 밀고 간다면 2022 정책 테마주로서 매우 매력이 있다고 생각한다.

관련주 영화금속, 인터지스, 한국선재, 동방선기, 부산산업, 영흥철강, 엔케이

해저터널

선거철만 되면 등장하는 재료 중 하나가 해저터널 이슈이다. 특히 이번 대선 주자 중 한 명인 이낙연 씨가 강조하는 정책 중의 하나이지만, 야당인 국민의힘(김종인)에서도 한일 간 해저터널 건설을 화두로 던지면서 테마로 부각될 가능성이 있다고 생각한다.

관련주 KT서브마린, 한국선재, 동아지질, 특수건설 등

KCTC(가덕도 신공항 관련주)

업종(하는 일) : 동사는 1973년 7월 설립되어, 1978년 한국거래소에 상장되었다. 고려종합국제운송, 고려기공, 케이엔로지스틱스 등을 종속회사로 보유하고 있다. 컨테이너터미널, 항만 하역, 운송, 보관, 중량물 사업, 소화물 사업을 주요 사업으로 영위하고 있다. 수출입 화물의 항만 하역, 창고 보관, 육/해상 운송, 중량화물 운송 및 설치, 3자 물류, 국제물류주선업, 해외 사업 등 다양한 분야에서 종합 물류 서비스를 제공한다.

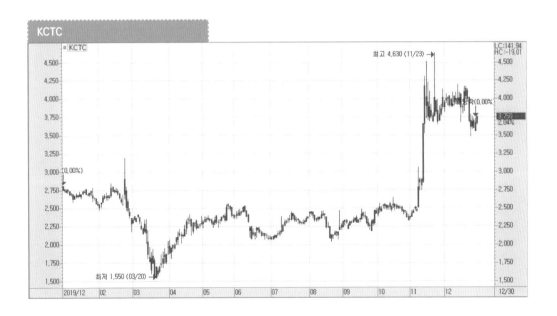

TIP : 문재인 대통령의 대선 공약이기도 한 가덕도 신공항 이슈를 여야 할 것 없이 동반해서 추진하려고 하니, 시간이 갈수록 정책 테마주로 부각될

가능성은 높다. 종목별로 일정 부분 선반영하면서 움직인 종목들도 있는데, 동 종목도 일정 부분 먼저 오르고 지금은 숨고르기 단계인 듯하다.

세방(가덕도 신공항 관련주)

업종(하는 일) : 동사는 1965년 설립되어, 1977년 유가증권시장에 상장되었다. 항만 하역과 화물 운송업을 주요 사업으로 영위하고 있으며, 1960년대부터 쌓아온 기술과 노하우로 벌크 하역과 컨테이너 하역에 강점을 지니고 있다. 한국해운, 세방익스프레스, 세방부산신항물류 등 8개 연결 대상 종속회사를 보유하고 있다. 전 세계 항만 시장간 경쟁의 가속화로 항만, 해운, 항공, 운송 등 전 영역에 걸쳐 전략적 제휴 및 합병을 통한 대규모 네트워크를 강화하고 있다.

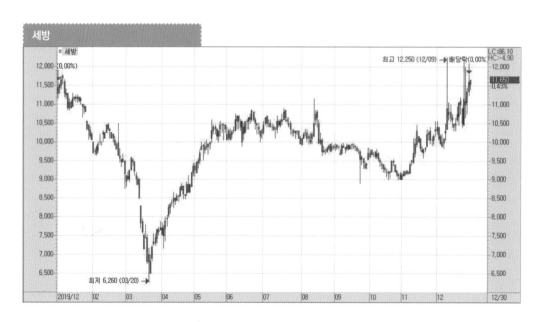

TIP : KCTC와 동일한 신공항 관련 테마주로, 이미 일정 부분 반영되면서 상승한 흐름을 보인다. 차트 흐름상 충분히 더 갈 모양세이다.

수산중공업(가덕도 신공항 관련주)

업종(하는 일) : 1984년 3월 12일, 동사는 건설중장비 및 특수차량의 국산화와 이를 통한 국가경제 기여를 목적으로 설립되었다. 유압 브레이크와 트럭 크레인을 비롯하여 수많은 특수차량을 국산화하여 막대한 수입 대체 효과는 물론 해외시장 수출을 통해 외화 획득에 일조하고 있다. 건설기계 산업은 완전경쟁 시장으로, 기술적인 측면에서는 이미 성숙단계에 진입해 있으나, 수요 측면에서 신흥국을 대상으로 꾸준히 성장하고 있다.

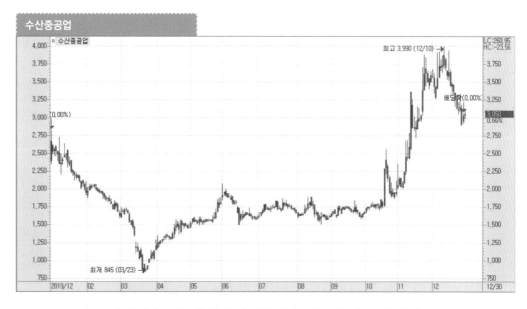

TIP : 2020년 동전주(저가 845원)에서 탈피하면서, 신공항 테마 및 정세균 관련주로 부각되면서 얼마나 상승하게 될지 지켜볼 만한 종목이다.

코나아이(이재명, 국민 기본 소득·지역화폐 관련주)

업종(하는 일) : 동사는 스마트 카드 관련 토탈 솔루션 및 카드 결제 플랫폼을 제공하는 업체로서, 스마트 카드의 핵심기술인 자바 오픈 플랫폼 기반의 IC 칩 OS인 COS를 자체 개발, 제조 및 판매하고 있다. 통신용 유심을 2011년부터 LG U+와 KT에 공급 중이며, 일본 NTT도코모에 벤더사로 등록되었다. 최근에는 EMV(IC카드 국제기술 표준) 기반의 세계 최초 개방형 선불형카드 플랫폼인 '코나카드' 사업을 운영하고 있다.

필자는 동 종목이 2021년 제법 정책 테마로 부각될 가능성이 높다고 생각된다. 그 이유를 몇 가지로 설명해 보겠다.

1. 여당 대선 유력 주자인 이재명 경기도지사의 강력 정책주이다.

2. 이재명의 전략은 국민기본소득(지역화폐=코나아이)이다.

3. 코나아이 최근 뉴스 : 현재 경기도 28개 시·군(경기지역화폐), 인천광역시(인천e음), 경북 경주시(경주페이), 강원 강릉시(강릉페이), 충남 천안시(천안사랑카드), 서울 강동구(강동빛살머니) 등을 대상으로 지역화폐 발행뿐만 아니라 관광특화지역 전용 스마트 관광형 지역화폐 모델을 개발하고 있다. 또한 제주도는 우선 2020년 200억 원을 시작으로, 2021년 1,500억 원, 2022년 2,000억 원 등 3년간 3,700억 원 규모의 지역화폐를 발행한다는 구상이다. 지역화폐의 명칭은 일찍이 공모를 통해 '탐나는 전'으로 확정됐으며, 운영대행사 우선 협상 대상자도 KB국민카드·코나아이 컨소시엄으로 정해진 상태이다.

4. 2020년 하반기, 현대 신차 제네시스 GV70에 스마트 카드키를 공급한
   다고 발표하였다.

결론적으로 2020년 상반기 거래정지 이후, 거래가 재개되면서 미래에
셋자산운용이 비중을 확대하였으며, 연기금도 꾸준히 매수하면서 기업
에 대한 믿음을 어느 정도 확인할 수 있는 정황이다. 특히 대선 기간 동안
이재명 도지사의 인지도 및 영향력에 따라 동 종목의 2021년 주가 상승
을 기대해도 될 듯하다.

TIP : 거래 재개 이후, 안정적 가격 및 기간 조정을 보이면서, 추가적 상승
이 가능한 차트 흐름을 만들고 있다는 생각이 든다.

삼표시멘트(SOC 투자 확대 관련주)

업종(하는 일) : 동사는 시멘트 사업을 영위하고 있으며 시멘트, 크링커, 석회석 등을 제조 및 판매하고 있다. 에너지 사업은 매각 및 청산을 진행 중이며, 시멘트 사업은 신규업체의 시장 진입이 다소 어려운 장점이 있다. 중량물인 관계로 물류비용이 높아 내수의 비중이 높은 산업이다. 2010년 6월, 신규 광산을 완공함에 따라 풍부한 매장량을 기반으로 한 시멘트의 주 원료인 양질의 석회석을 장기적으로 공급할 수 있다.

필자는 2021년 주도주 섹터로 시멘트와 건설을 보고 있다. 2020년 상대적으로 덜 부각된 섹터이기도 하지만, 2021년 정부의 다양한 SOC 투자를 기대한다면, 한 번 멋지게 부각될 업종 테마라고도 생각한다.

2019년, 정부가 발표한 미니신도시개발, 예비타당성조사면제, GBC 개

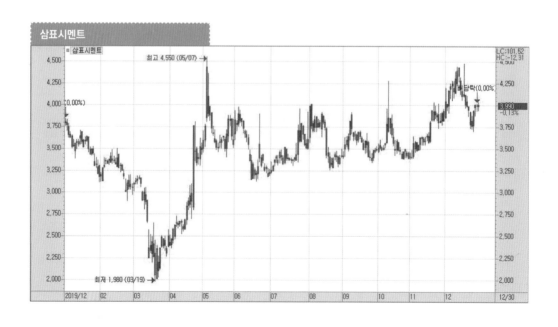

발 허가 및 생활 SOC투자 확대에 따라 잠재적 예비 수요가 발생할 것으로 기대되는 기업이다. 물론 다른 시멘트 기업(한일시멘트, 성신양회, 쌍용양회, 한일현대시멘트, 아세아시멘트 등)들도 동일한 관점으로 접근해도 될 듯하다.

TIP : 2020년 차트 흐름을 보면, 코로나로 인한 급락 이후, 안정적 주가 흐름을 보여 주고 있다. 즉, 추세상 저점을 높이면서 추가적 상승을 보일 차트 모양세이다.

현대건설(SOC 투자 확대 관련주)

업종(하는 일) : 동사는 토목과 건축 공사를 주요 사업으로 영위하고 있다. 1984년 유가증권시장에 상장되었으며, 현대엔지니어링 등의 종속회사가

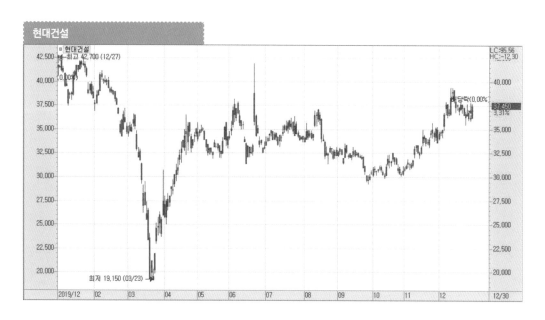

있다. 건축 주택, 토목, 플랜트 등의 사업 부문이 있으며, 우리나라 원전의 대부분을 시공하였다. 2009년에는 국내 최초로 UAE 원전 4기를 수주하여 원전 시공 기술을 인정받았다. 국내시장에서도 토목, 건축 산업 분야에서 탄탄한 입지를 구축한 기업이다.

TIP : 2020년 코로나 상황에서도 카타르 5800억 원 규모의 건설공사 수주 외 많은 해외 발주가 이어지고 있으며, 국내에서도 활발한 수주를 확보하였다. 특히 정비사업에서만 4조 7억 원 이상 수주를 달성하면서 역대 최고치를 갈아 치웠다.

2020년에 상대적으로 덜 부각된 섹터이긴 하지만, 앞서 말한 것처럼 필자는 2021년 주도주 섹터로 시멘트와 건설을 보고 있기 때문에 2021년 정부의 다양한 SOC 투자와 신공항 관련 테마 등을 기대한다면 상승을 주도할 테마라고 생각한다. GS건설, 대림산업, 대우건설, HDC현대산업개발, 특수건설, 진흥기업 등도 동일한 건설주 테마로 보면 될 기업이다.

05 2022 대선 테마 - 남북 경협 테마

문재인 정부에서 사활을 걸고 노력하지만, UN과 미국 정부의 적극적인 지원과 도움 없이는 한 발짝도 나아갈 수 없는 것이 현실이다. 미국은 바이든 정부가 들어서면서 트럼프(탑다운, Top Down)때 와는 다른 실무 자선에서 먼저 조율을 정하는 바텀업(Bottom Up) 방식을 강조하기에 현 정부가 원하는 대로 빠른 진전을 기대하기 어려울 듯하다. 여튼 남북 테마주는 대화의 손짓이 있으면 급등하고, 북한의 도발이 자행되면 급락하는 행태를 보인다.

관광(금강산)

현대엘리베이터 1984년 5월 23일에 설립되었으며, 동사의 주요 사업 내용은 물품취급장비 제조업, 설치 및 보수 서비스업, 부동산 임대업, 관광숙박업, 금융업 등으로 구성되어 있다. 운반기계산업은 전반적인 경기변동과 설비투자 동향에 민감하며, 후방산업과의 연관 효과와 기술적 파급효과가 큰 산업적 특징을 가지고 있다.

아난티 1987년에 설립되었으며, 2004년 최대주주가 변경된 후 사업 목적과 업종이 골프장 레저 사업으로 변경되어 영위 중이며, 레저시설의 개발 및 건설, 운영, 분양 등 관련 전 부문을 직접 모두 수행 가능한 전문성 및 경쟁우위 요소를 갖추고 있다.

개성공단

인디에프 동사 주요 사업은 의류 제조 및 판매업이다. 여성복 브랜드(조이너스, 꼼빠니아), 신사복 브랜드(트루젠), 캐주얼 브랜드(테이트), 패션주얼리 브랜드(모스바니) 등을 보유하고 있다.

신원 동사 주요 사업은 니트와 스웨터를 OEM 생산하여 수출하는 수출 부문과 패션 브랜드 사업을 전개하는 패션 부문으로 구분되어 있다.

좋은사람들 동사는 내의류 제조 및 판매업을 영위할 목적으로 1993년 5월 1일에 설립되었으며, 보디가드, 섹시쿠키, 예스, 돈앤돈스, 제임스딘, 리바이스, 퍼스트올로 등의 브랜드를 운영하고 있다.

철도

현대로템 철도 사업에서부터 방위 사업, 플랜트 및 환경 사업을 영위하고 있는 '현대자동차' 그룹의 글로벌 종합 중공업 기업이다. 국내를 넘어 세계 37개국에 전동차, 고속전철, 경전철, 기관차 및 객·화차 등 다양한 차종의 철도차량을 공급하고 있으며, 신호, 통신 등 철도시스템 분야로 사업 영역을 확대하고 있다.

대아티아이 철도신호제어 시스템 개발 및 공급을 목적으로 1995년 9월 12일에 설립되었으며, 철도신호제어 시스템 및 공급업을 주사업으로 하고 있다.

푸른기술 동사는 1997년 7월 26일에 설립되었다. 금융 자동화 기기, 역무자동화 기기 등의 제조 및 판매를 주요 사업으로 하고 있으며, '푸른에스엠' 1개사를 연결대상 종속회사로 두고 있다.

도로

현대건설 동사는 토목과 건축 공사를 주 사업 영역으로 하고 있으며, 현대엔지니어링 등의 종속회사가 있다. 건축 주택, 토목, 플랜트 등으로 사업 부문이 나눠지며, 우리나라 원전의 대부분을 시공하였다. 2009년에는 국내 최초로 UAE 원전 4기를 수주하여 원전 시공 기술을 인정받았다.

한일현대시멘트 현대건설(주) 시멘트사업부에서 독립하여 1969년에 설립되었으며, 시멘트 제조 및 판매업을 주요 사업으로 영위하고 있다.

부산산업 레미콘 제조 및 판매를 영위할 목적으로 1976년 5월 15일에 설립되었으며, 주요 생산품은 레미콘 제품 및 철도 침목이다.

지원 사업(비료, 사료, 산림 등)

조비 과학적 토양검정을 통해 공급되는 친환경 맞춤 비료와 완효성 비료 등을 생산할 수 있는 공정을 갖춘 비료전문 메이커로서, 280여개 품목의 복합비료를 생산하여 농협 및 대리점을 통하여 판매하고 있다. 비료 산업은 천연가스 산유국이나 인광석, 염화칼리 등 주요 원료 생산국을 제외하고는 국내 수급을 안정적으로 유지하기 위한 내수 충당 목적의 사업이다.

경농 동사는 1957년에 농약 제조 및 판매를 영위할 목적으로 설립되었으며, 주요 제품인 작물보호제는 수요의 계절성을 가져 농번기인 3~6월 사이 매출이 집중된다. 특히 이상기후, 천재지변, 병해충의 발생 등에 따라 수요가 영향을 받는다.

현대사료 동사는 양질의 배합사료를 공급하고 있는 사료 전문회사이다. 농가 맞춤형 사료 공급시스템, 산란계 사료의 특화, 외부업체와 제품 품질 기술용역 계약 및 자체 연구를 통한 품질 개선, 특수 가공기술 확보 등의 특징으로 축산업계에서 인정받고 있다.

한솔홈데코 1991년 12월, 전주임산으로 설립된 종합건축자재 생산업체로서, 우수한 품질의 국내 중밀도 섬유판(MDF), 마루바닥재, 인테리어재 등을 생산·판매하고 있다. 강화마루 산업의 원재료인 MDF 생산설비를 자체 보유하여 자가생산 및 공급하고 있으며, 핵심기술인 비접착식 마루를 자체기술로 개발·생산하고 있다.

06 2022 대선 테마 - 테마 속 HOT 테마

CCTV 관련주

초등학교 주변 감시 강화, 이재명 경기도지사의 수술실 CCTV 의무화 요청, 도로 속도 감시 강화 등으로 이슈화 가능한 테마이다.

코맥스 전자제품의 제조 및 판매를 목적으로 설립 후, 50년간 업력을 바탕으로 가정용 비디오폰, CCTV, P.A System, 병원 설비에 이르기까지 전자통신기기 전문회사로서 위치하고 있다. 신규 사업으로 스마트홈 시스템 사업, 보안 시스템 사업, 산업용 네트워크 사업 등을 추진 중이다.

아이디스 CCTV 카메라가 촬영한 영상을 디지털로 변환해 저장하는 디지털 영상 저장 장치인 DVR을 전문적으로 개발, 생산, 판매하는 DVR 전문기업이다. 동사의 솔루션은 다양한 수직적 수요에 대한 대응이 가능한 유연한 플랫폼임과 동시에 4채널 이하의 소형 보안망 구성부터 수천, 수만 개의 보안장비 컨트롤을 지원하고 있다.

코콤 스마트홈 시스템, 비디오도어폰, 도어폰, CCTV 시스템 등의 제조 및 판매를 전문으로 사업을 영위하고 있으며, 코콤 홈 매니저라는 어플리케이션을 자체 개발하여 현재 스마트홈 시스템(IoT)을 상용화 중이다.

에스원 1977년, 한국경비실업 주식회사로 설립되었으며, '종합안심솔루션 회사'로서 첨단 보안시스템과 부동산 종합 서비스로 대한민국의 보안 및 건물관리 서비스 시장을 선도하고 있다. 2014년 삼성에버랜드로부터 건물관리사업을 양수하였으며, 정보보안솔루션 개발 및 공급사업을 담당하는 자회사인 시큐아이의 보유 주식을 전량 삼성에스디에스에 매각하였다.

돼지독감 관련주

코로나19의 공포 속에서 돼지독감 바이러스가 중국에서 새롭게 발견되었으며, 전염성이 강한 것이 특징이다.

이글벳 동사가 영위하는 사업은 동물약품 제조 및 판매 등이며, 그 외 부동산 임대업과 통신판매업 및 전자상거래 등의 사업을 함께 영위하고 있다.

우진비앤지 동물 약품 및 미생물 제제(동물약품, 인체 원료의약, 미생물 농자재)등을 제조, 판매하는 사업을 영위하고 있으며, 80년대부터 친환경제품을 생산하기 위한 기술개발을 꾸준히 진행해 왔다. 친환경 대체의약품과 면역 증강제 및 미생물첨가제 등 바이오 제품을 연구개발 중이다.

중앙백신 사료첨가제, 구충제 등의 상품을 판매하고 있으며, 동사는 축종에 따라 수이샷 양돈백신, 포울샷 가금백신, 캐니샷 애견백신, 보비샷 축우백신 등을 제조·판매하고 있다.

대성미생물 당사는 동물용 의약품 생산 등을 주요 사업으로 영위하고 있으며, 지난 50여 년간 양질의 동물용 의약품만을 생산해 오며 대한민국 축산업 발전에 공헌해 온 동물용 의약품 전문기업이다.

드론 관련주

제이씨현시스템 동사는 컴퓨터 및 컴퓨터 관련 제품, 카 인포테인먼트 제품, 보안 및 네트워크장비 판매업을 영위하고 있다. 컴퓨터 기기 및 통합 배선 솔루션, 드론 등 IT제품 등을 판매, 리스하는 부문과 네트워크 및 정보 보안, 온라인 화상 회의, 온라인 솔루션 등을 제공하는 인터넷 서비스 부문으로 사업을 구분할 수 있다.

퍼스텍 동사의 주요 사업 내용으로는 전자계산기기 및 주변 관련기기 생산, 판매 및 임대서비스업, 정밀기계 생산 및 제품 판매업, 수출입업, 부동산 임대 및 판매업 등이 있다. 방위산업은 정부 주도 및 대규모 사업을 통해 국가를 방위하는 데 필요한 무기 및 기타의 장비 등을 연구개발, 생산, 정비하는 산업을 한다.

해성옵틱스 동사는 모바일용 렌즈모듈, AF 액추에이터(VCM), 카메라모듈을 개발 및 생산을 주 사업으로 영위하고 있으며, 향후 확보된 카메라모듈 공정기술과 개발력을 바탕으로 차량용, 생채인식용, 의료용, VR, 3D Depth 카메라 등으로 사업을 확장하고 있다.

디지털옵틱 광 응용 시스템의 광학 설계가 가능한 광학전문업체이다. 비구면 광학 렌즈 원천 설계 및 양산기술을 동시 보유한 전문회사로서 주력 제품인 휴대폰용 카메라 렌즈를 개발 및 판매하고 있다.

원격진료 관련주

인구 고령화 및 격오지 환자에 대한 의료 제공 차원에서 접근하였지만, 최근에는 코로나로 인한 비대면이 강조되면서 다시 부각되는 섹터이다.

유비케어 국내 요양기관 EMR 시장점유율 1위 기업으로 의료정보 플랫폼 사업, 개인 건강정보 관리 플랫폼 사업을 영위하고 있다. 2020년 5월 기준 동사의 최대주주는 녹십자헬스케어로 보유 지분은 약 53.7%이며, 계열사로는 브레인헬스케어, 케이컨셉, CRS큐브 세일즈, 비브로스, 유팜몰 등이 있다.

비트컴퓨터 동사는 의료정보 사업, 디지털헬스케어 사업 및 IT교육 사업을 주요 사업으로 영위하고 있다. 또한, 3차 의료기관부터 1차 의료기관, 약국에 이르기까지 다양한 규모의 의료기관에서 필요로 하는 의료정보시스템을 개발, 공급하고 있다.

인피니트헬스케어 의료용 소프트웨어를 판매하고 유지보수하는 서비스를 주요 사업으로 영위하고 있으며, 국내 PACS 시장 점유율 1위 기업이다. PACS는 의료기기에서 획득한 영상을 의료 표준에 따라 디지털화하여 저장, 전송 및 관리하는 시스템이다.

인성정보 동사는 시스템통합업 등을 영위할 목적으로 1992년 2월에 설립되었다. 주요 사업 부문은 IT 인프라와 헬스케어로 나뉘어진다. 또한, 종속회사를 통해 소프트웨어 도매 사업 부문, 네트워크장비 도매 사업 부문, IT 인프라 사업 부문을 영위하고 있다. 특히 다양한 H/W와 S/W, 그리고 ERP 컨설팅 등 기업경영에 필요한 서비스를 보유하고 있어 적극적인 공조체계를 구축하고 있다.

방산 관련주

북한과의 관계가 꼬이거나 물리적 충돌 등이 발생할 때 급등을 보이는 테마이다.

빅텍 동사는 방위사업(전자전 시스템 방향탐지장치, 군용전원 공급장치, 피아식별장비, TICN 장치 및 기타 방산제품 등) 및 민수사업 (공공자전거 무인대여시스템(U-BIKE) 등)을 영위하고 있다. 소형전자전 장비(ACES-I)는 기존의 방향탐지장치를 소형, 경량화하여 중소형 함정의 생존성을 높이는 시스템으로 방위사업청과의 계약으로 양산 중에 있다.

퍼스텍 동사의 주요 사업 내용으로는 전자계산기기 및 주변 관련기기 생산, 판매 및 임대 서비스업, 정밀기계 생산 및 제품 판매업, 수출입업, 부동산 임대 및 판매업 등이 있다. 방위산업은 정부 주도 및 대규모 사업을 통해 국가를 방위하는 데 필요한 무기 및 기타의 장비 등을 연구개발, 생산, 정비하는 산업이다.

한국항공우주 동사와 종속회사는 항공기, 우주선, 위성체, 발사체 및 동 부품에 대한 설계, 제조, 판매, 정비 등의 사업을 영위하고 있다. 군수 사업의 대부분은 내수로 구성되며 수요자인 한국정부(방위사업청)와 계약을 통해 제품(군용기)의 연구개발, 생산, 성능개량, 후속지원 등을 수행하고 있다. 항공 산업은 군용기, 민항기, 헬기 등 항공기를 개발하고 개발된 항공기를 양산하는 항공기 제조 산업과 운영되는 항공기의 정비 및 개조를 담당하는 MRO 산업으로 구분하고 있다.

스페코 동사는 특수목적용 건설기계제조 및 철구조물 제작 및 판매업 등을 영위할 목적으로 1979년 2월에 설립되었으며, 동사가 영위하는 사업 목적으로는 철구조물 제작 및 판매업, 공해방지 시설업 등이 있다.

재택근무 관련주

코로나19 확산으로 인한 재택근무 환경 변화 및 화상 회의, 네트워크 통합 사업 등의 강화로 시장이 커지고 있다.

알써포트 원격 소프트웨어 개발 및 공급 사업을 영위하고 있다. 원격 지원과 원격 제어 분야에 지속적인 기술 투자와 사업 역량을 집중해 오고 있으며, 그에 따른 성과로 일본 및 아시아 시장 내 점유율 1위 기업이다. 세계 5위 글로벌 기업(IDC Report, 2015)으로 성장하였으며, 세계 최초의 안드로이드기반 모바일 원격지원 솔루션인 리모트콜 모바일팩을 출시하여 신규 시장을 리드하고 있다.

이씨에스 엔터프라이즈 커뮤니케이션 솔루션(Enterprise Communication Solution)을 주 사업 영역으로 컨택 센터(Contact Center), UC솔루션을 제공하고 있으며, 더 나아가 영상회의, 네트워크통합, 가상화 등으로 사업 영역을 확대하고 있다. 글로벌 컨설팅 및 IT 아웃 소싱 서비스 등 전문기술 서비스를 제공하기 위한 체계적인 기술지원조직을 갖추고 있다.

삼성에스디에스 동사의 사업은 IT서비스 부문, 물류BPO 부문, 비즈니스 솔루션 부문, 클라우드 & ITO로 구성되어 있다. IT 서비스 산업은 국가 경제·사회 전반의 생산성과 효율성을 제고시키는 산업으로서, 통신서비스 산업과 함께 지식정보화 사회의 발전 과정에서 중요성이 부각되고 있다.

포스코 ICT 소프트웨어 개발, 정보처리 및 정보통신 서비스업 등을 영위할 목적으로 1989년 11월 15일에 설립되었으며, 정보통신기술(ICT) 과 엔지니어링 융합 기술을 보유한 기업으로서, 철강 분야를 주력으로 다양한 산업 분야에서 핵심 ICT 솔루션을 기반으로 한 사업을 추진하고 있다. 세계 최초 연속공정 '포스프레임' 플랫폼을 기반으로 포스코 스마트

팩토리 구축을 확대함으로써 경영 성과를 보였다.

온라인 교육 관련주

코로나19 여파로 학교 개학 연기와 학원 휴원 등이 반복되면서 가정 학습 수요 증가 및 온라인 교육 확대에 따른 테마이다.

NE능률 출판 및 인쇄진흥법, e러닝 산업발전법에 근거하여 영어 교육 및 출판 사업 등을 영위할 목적으로 1994년 6월 28일에 설립되었다. 동사는 영유아부터 성인에 이르는 폭 넓은 고객을 대상으로 영어교육을 포함해 다양한 교육 출판 사업과 교육 서비스 사업을 제공하는 종합교육 서비스 기업이다.

메가스터디 2015년 메가스터디, 메가스터디교육으로 인적분할하였으며, 동사는 본사와 10개 종속회사를 통해 초·중·고교생과 일반 성인 등을 대상으로 출판 사업, 온·오프라인 교육 서비스 사업 및 급식 사업을 영위하고 있다. 기타 투자 사업도 진행하고 있다. 메가스터디, 메가엠디, 메가스터디교육 등 3개의 상장사와 15개의 비상장회사를 포함 총 18개 계열회사를 보유하고 있다.

YBM넷 온라인교육·콘텐츠제공업·데이터베이스업 및 교육서비스업 등을 영위할 목적으로 2000년 6월 7일에 와이비엠닷컴으로 설립되었으며, 온라인 교육 사업, 온라인 테스트 사업, 디지털 콘텐츠 판매 사업을 영위하는 스마트 러닝 교육 업체이다. MOS, TOEIC, JPT의 접수대행 및 온라인 강의 공급을 제공하며, B2B와 B2C 교육에 스마트러닝 서비스를 확대하고 있다.

디지털대성 교육관련물의 제조, 판매, 대여업과 인터넷을 통한 교육 서비스 및 학원 프랜차이즈 사업 등을 목적으로 설립되었으며, 동사는 온라인 교육 서비스의 제공 및 오프라인 학원과 관련하여 '학원의 설립·운영 및 과외교습에 관한 법률'에 따라 사업을 영위하고 있다.

마스크 관련주

미세먼지, 황사, 호흡기 질환, 바이러스로 인한 이슈에 반응하는 테마이다.

케이엠 동사는 1989년에 설립되어 반도체 산업 클린룸에 사용되는 소모품을 제조, 판매하는 업체이다. 현재 당사의 정전기 방지용 장갑(ESD Class 10 Glove)은 미국 오크(OAK)사와 세계 시장을 양분하고 있으며, 한국에서는 완전 독점 생산, 공급을 하고 있다.

오공 접착제 및 기타 화학제품 제조, 판매업을 주요 사업으로 영위하고 있으며, 주요 재화 및 용역으로는 초산비닐수지에멀젼 접착제, 핫멜트 접착제, 씰란트 등이 있다.

모나리자 동사는 화장지 제조와 판매 등을 영위할 목적으로 1977년 10월 28일에 설립되었으며, 동사가 영위하는 사업 목적으로는 화장지 제조 판매업, 지류 제조 판매업, 일용 잡화 판매업, 위생용품 제조 및 판매업 등이 있다.

웰크론　동사는 기능성 극세사 섬유를 이용한 침구 및 생활용품을 제조하며, 부수적인 사업으로 복합방사방식의 나노섬유를 이용한 부직포 필터여제와 방위산업 제품 제조업을 영위 중에 있다. 또한 전 세계약 40여 개국에 극세사 청소용품을 수출하고 있다.

자율주행 관련주

자율주행이란 사람의 조작 없이 자동차 스스로 운행하는 것을 의미한다. 많은 완성차 업체와 IT기업의 협업을 통해 미래를 선도할 기술로 인정하고 있다.

THE MIDONG　차량용 영상저장장치(블랙박스) 제조 및 판매를 주력으로 하고 있으며, 동사가 보유한 운전자지원 시스템, 영상저장 및 처리 기술을 통해 제품을 개발하여 외주 생산업체를 통해 제품을 생산, 오프라인 및 온라인 판매를 통해 소비자에 판매하는 구조를 가지고 있다.

대성엘텍　동사는 카오디오, 앰프 등 자동차용 멀티미디어 제품을 주력으로 생산하고 있으며, 주요 고객인 현대모비스에 납품한 제품은 최종적으로 완성차 메이커인 현대·기아차에 판매되고 있다. 알파인에 납품한 제품은 일본 도요타, 미국 크라이슬러 등 글로벌 자동차 브랜드에 판매되고 있다.

삼성전기　주요 사업 부문은 수동소자를 생산·판매하는 컴포넌트 솔루션 사업 부문, 카메라모듈, 통신모듈을 생산·판매하는 모듈솔루션 사업 부문, 반도체패키지기판, 경연성인쇄회로기판을 생산·판매하는 기판솔루션 사업 부문으로 구성되어 있다. 2020년 반기 기준 매출은 컴포넌트 솔루션 부문 42%, 모듈솔루션 부문 39%, 기판솔루션 부문 19% 등으로 구성되어 있다.

에이테크솔루션　동사는 삼성전자 정밀기기팀의 기계설비를 취득하여 가전, 디스플레이, 자동차 및 정보통신용 금형제조 및 판매를 주 목적으로 설립되었다. 동사의 가전용 사출금형으로는 DTV, 에어콘, 냉장고, 세탁기 외관금형이며, 디스플레이용 금형으로는 DTV 내부 프레임 금형, 모니터 금형이 있다. 축적된 금형기술을 기반으로 정밀구동부품, OA제품, 기어 박스 아세이(Gear Box Ass'y), LED 리드프레임 등을 생산하고 있다.

팅크웨어　내비게이션 및 Map S/W, 차량용 블랙박스, 태블릿 PC, 위치기반서비스(LBS) 사업을 영위하고 있다. 아이나비 내비게이션과 연동하는 아이나비Black 출시를 시작으로 동 사업에 진출하였으며, 이후 HD부터 QHD까지의 고화질 블랙박스의 출시를 통해 보급형과 고급형 제품 라인업을 구축하였다. 차선이탈경보, 전방추돌경보, 앞차출발알림 등 운전자의 운전 편의성을 높이는 기술을 보유하고 있다.

만도　(주)한라홀딩스의 자동차 부품 제조·판매업 부문이 인적분할되어 설립되었으며, 자동차 제동장치, 조향장치, 현가장치 등을 생산하는 자동차 새시 부품 전문 제조회사이다. 주요 매출처는 현대자동차, 기아자동차 및 현대모비스, 현대위아 등이다.

현대모비스 고무용 도료 기술로 출발해 폴리우레탄 수지 및 전자, 자동차, 생명과학 등에 사용되는 다양한 정밀화학 제품을 생산 및 판매하는 것을 사업 목적으로 하고 있다. A/S부품 사업을 영위하고 있으며, A/S용 부품 사업은 부품의 책임 공급을 위한 물류센터 등의 대단위 인프라 구축과 244개 차종, 270만 품목을 관리하고 있다.

모바일어플라이언스 스마트 자율주행 솔루션 전문기업이다. 딥 러닝과 빅데이터 기반의 영상 인식에 커넥티드 통신 모듈이 연동된 플랫폼 제품, 레이더이벤트기록장치, 운전자보조시스템(ADAS), 졸음운전 감지장치, 헤드업디스플레이(HUD) 등 스마트 자율주행 관련 제품을 생산 중에 있다. 주요 고객은 현대모비스와 함께 2014년 부터는 BMW, 아우디를 시작으로 벤츠 등의 글로벌 완성차 업체들이다.

5G 관련주

향후 미래 먹거리 사업 중 하나이다. 5G기술은 인공지능(AI), 사물인터넷(IOT), 자율 주행 및 광범위한 인터넷 환경에서 폭 넓게 사용될 기술이다.

케이엠더블유 무선통신장비 전문 제조 기업이다. 동사 및 종속회사는 무선통신 기지국에 장착되는 각종 장비 및 부품류 등을 생산, 판매하는 RF 사업과 스포츠 조명, 실외 조명, 실내 조명 등을 생산, 판매하는 LED 사업을 영위하고 있다.

오이솔루션 전자, 전기, 정보통신 관련 제품의 연구개발, 제조 및 판매업을 영위하고 있으며, 주력 제품은 광트랜시버로 대용량 라우터 및 스위치 등의 광통신 장치에서 전기신호와 광신호를 변환시켜 광통신이 가능하게 하는 핵심 부품이다. 광통신은 유무선 데이터 트래픽의 증가와 함께 성장하고 있으며, 광트랜시버의 시장도 응용분야별 연평균 2~21%의 성장을 지속 중이다.

RFHIC 유무선 통신용 파워 트랜지스터(Power Transistor) 및 방산용 파워 앰플리파이어(Power Amplifier)의 제조 및 판매를 목적으로 1999년 8월 20일에 설립되었다. 주력 제품은 GaN 트랜지스터와 GaN 전력증폭기이며, 동사 매출액의 90% 이상 차지하고 있다. 동사의 가장 큰 경쟁력은 국내에서 유일하게 GaN 트랜지스터를 생산하고 있다는 것이다. 차세대 신소재(GaN on Diamond) 소자를 사용한 고출력 반도체 전력증폭기를 개발하여 사업 영역을 확대하고 있다.

유비쿼스 주요 제품은 FTTH 서비스 관련 제품, LAN 서비스에 쓰이는 스위치, xDSL 관련 제품 등이 있다. 5G 서비스 유선 인프라 구축을 위한 솔루션 발굴, 10기가 인터넷 커버리지 확대 및 신규 서비스 창출을 위한 솔루션 개발, SDN/NFV 등 차세대 솔루션 개발 및 상용화를 통해 매출 증대에 기여하고 있다.

서진시스템 주요 사업은 금속가공 기술 및 시스템 설계 역량을 바탕으로 각종 통신장비, 핸드폰, 반도체장비 등의 함체, 구조물, 전기구동장치 등을 제조, 판매하고 있다. 종속회사를 통하여 베트남 공장 및 설비 투자로 인해 자동차 및 전기자동차 부품을 일부 양산하고 있으며, 추가적으로 개발 및 양산을 준비 중이다.

이노와이어리스 유무선 자동측정 및 제어 시스템 개발 및 제조 등을 영위할 목적으로 2000년에 설립되었으며, 지배회사와 연결실체는 통신용 시험/계측기 및 스몰셀(SmallCell) 등의 개발, 제조, 판매 및 서비스를 주요 사업으로 영위하고 있다.

수소차 관련주

수소연료 전지 전기차(FCEV)는 공기 중의 수소를 산소와 결합하는 과정에서 발생하는 전기에너지를 에너지원으로 사용하는 기술로, 향후 유해 물질을 전혀 배출하지 않는 친환경 자동차가 주류를 이룰 것이며, 그 중 하나인 기술이다.

이엠코리아 사업 부문으로 공작기계 부문, 방산/항공 부문, 발전설비 부문, 설용 터널보링머신(TBM)을 제작하는 TBM 부문이 있으며, 자회사로 환경 부문과 수소에너지/스테이션 제조 및 시공을 영위하는 에너지 부문이 있다. 동사는 공작기계 완성품 및 부품을 제작하여 국내 주요 공작기계 업체에 OEM 형식으로 납품하고 있다.

미코 주요 사업으로 반도체 및 LCD 장비를 구성하는 부품을 제작하는 부품 사업 부문과 반도체 및 LCD 장비를 구성하는 부품의 세정 및 코팅을 영위하는 세정 사업 부문이 있다.

성창오토텍 　동사는 OEM 납품을 주로 하는 자동차 부품 제조회사로, 주요 제품은 차량용 에어컨 필터, 클러스터 이오나이저, 인버터 등과 같은 자동차공조부품 및 전지전장부품이다. 한온시스템, 현대모비스, 한국델파이 등 자동차 종합부품업체를 통하여 현대차, 기아차 등 국내외 완성차 업체로 납품되고 있다.

뉴인텍 　동사는 전자 축전기 생산 및 판매를 주 사업 목적으로 1977년 6월에 법인설립되었으며, 증착필름(콘덴서의 원재료) 및 기기용 콘덴서(냉장고, 세탁기, 에어컨 등 백색가전용 부품)와 신재생 에너지용 콘덴서(친환경자동차, 태양광발선소용) 등을 생산·판매하고 있다.

한온시스템 　자동차 부품 및 시스템, 전자전기 기계기구용 및 기타 산업용 부품, 시스템의 제조, 수출입 및 교역 등의 목적으로 1986년 3월 11일에 설립되었으며, 자동차의 열 관리 시스템을 생산하는 단일 사업 부문을 영위하고 있다. 특히 자동차 품질 및 성능을 결정 짓는 공조 부품 분야에서 독보적인 기술력을 자랑하며, 업계 1위를 지키고 있다.

에스퓨얼셀 　동사는 연료전지시스템의 제조 및 판매를 주요 사업으로 영위하고 있다. 주요 제품으로는 1kw, 5kw, 6kw, 10kw급 건물용 연료전지와 100kw급 발전용 연료전지가 있으며, 연료전지의 연구개발과 생산기술 확보, 사업전략 및 모델 개발 등을 진행하며 이를 제외한 영업, 부품가공 및 제품 생산, 설치, 시운전 등은 협력업체와 공동으로 진행하는 사업 구조를 갖추고 있다.

07 2022 대선 테마 – 테마 속 HOT 종목

□ 2차 전지(소재, 양극제) : 상신이디피, 엘앤에프, 코스모신소재, 피앤이솔루션, 한화솔루션, 파워로직스 등

□ 2차 전지(완제품) : LG화학, 삼성SDI, SK이노베이션

□ AMOLED(소재) : 나노신소재, 덕산하이메탈, 원익머트리얼즈 등

□ AMOLED(장비) : APS홀딩스, 비아트론, 아바코, 아이씨디, 인베니아, 주성엔지니어링 등

□ FPCB(연성회로기판) : 비에이치, 액트, 이녹스, 인터플렉스 등

□ LCD(부품) : 미래나노텍, 엘엠에스, 이라이콤, 한솔테크닉스 등

□ LCD(소재) : SK머티리얼즈, 네패스, 동진쎄미켐, 이엔에프테크놀로지 등

□ LCD(장비) : 톱텍, 탑엔지니어링, 인베니아, 참엔지니어링, 원익홀딩스 등

□ LED : LG이노텍, 금호전기, 루멘스, 서울반도체, 일진디스플 등

□ PCB(인쇄회로기판) : LG이노텍, 대덕, 디에이피, 삼성전기, 심텍홀딩스, 이수페타시스 등

□ SI(시스템통합) : 다우기술, 더존비즈온, 신세계I&C, 효성ITX 등

□ 건설(국내주택) : HDC, 계룡건설, 대우건설, 한라 등

□ 건설(해외건설) : 현대건설, GS건설, 대림산업, 대우건설 등

□ 기계(건설기계) : 두산인프라코어, 수산중공업, 우림기계, 혜인, 진성티이씨 등

□ 기계(공작기계) : 스맥, 우진플라임, 화천기계, 에이치케이, SIMPAC 등

□ 게임(모바일) : NAVER, 게임빌, 네오위즈, 조이시티, 카카오, 컴투스 등

□ 게임(온라인) : 넥슨지티, 엔씨소프트, 위메이드, 조이맥스, 웹젠, 네오위즈 등

□ 로봇(지능형) : 로보스타, 삼익THK, 유진로봇, 휴림로봇, 로보티즈, 로보로보 등

□ 바이오(디젤/에탄올) : MH에탄올, 애경유화, 제이씨케미칼 등

□ 바이오(바이오 시밀러) : 메디콕스, 셀트리온, 이수앱지수, 한미약품 등

□ 바이오(유전체분석) : 마크로젠, 디엔에이링크, 테라젠이텍스 등

□ 바이오(줄기세포치료) : 차바이오텍, 메디포스트, 파미셀 등

□ 바이오(진단/백신) : SK바이오랜드, 바이오니아, 신흥, 씨젠, 엑세스바이오 등

□ 반도체(생산) : 삼성전자, SK하이닉스, DB하이텍

□ 반도체(설계,FABLESS) : 어보브반도체, 텔레칩스, 제주반도체, 아나패스, 실리콘웍스 등

□ 반도체(시스템반도체) : DB하이텍, SFA반도체, 네패스, 하나마이크론, 고영 등

□ 반도체(전공정 소재) : SK머티리얼즈, 동진쎄미켐, 원익Q&C, 이엔에프테크놀로지 등

□ 반도체(전공정 장비) : 원익홀딩스, 테스, 케이씨, DMS, 유진테크 등

□ 반도체(후공정) : SFA반도체, 네패스, 시그네틱스, 엘비세미콘 등

□ 반도체(후공정 소재) : 대덕, 덕산하이메탈, 심텍홀딩스, 엠케이전자 등

□ 반도체(후공정 장비) : 유니테스트, 이오테크닉스, 한미반도체, WI 등

□ 스마트 그리드 : LS, 누리텔레콤, 삼화콘덴서, 옴니시스템, 일진전기 등

□ 여행 : 레드캡투어, 모두투어, 하나투어, 참좋은여행 등

□ 온실가스 저감 배출 : KC코트렐, 후성, 휴켐스, LG상사, 에코프로 등

□ 운송(육상운송) : CJ대한통운, SK렌터카, 한진, 현대글로비스 등

□ 운송(해상) : 대한해운, 팬오션, 흥아해운, HMM, 동방 등

□ 운송(항공) : 대한항공, 아시아나항공

□ 전자결제 : KG모빌리언스, NHN한국사이버결제, 다날, 한국정보통신 등

□ 조선(LNG보냉재) : 동성화인텍, 한국카본

□ 태양광(발전/설치/운용) : SDN, 에스에너지, 한화솔루션

□ 태양광(부품/소재/장비) : SKC, 일진파워, 티씨케이 등

□ 태양광(잉곳/웨이퍼) : SKC솔믹스, 신성이엔지, 오성첨단소재 등

□ 태양광(폴리실리콘) : OCI, 롯데정밀화학, 한화솔루션 등

□ 4대강 복원 : 우원개발, 특수건설, 혜인, 이화공영, 코엔텍 등

□ CCTV&DVR : 뉴지랩, 아이디스, 인콘, 코콤, 코맥스, 하이트론 등

□ MLCC : 삼성전기, 아모텍, 삼화콘덴서, 코스모신소재, 알에프세미 등

□ 가상화폐(비트코인) : SBI인베스트먼트, SGA, 비덴트, 에이티넘인베스트, 우리기술투자 등

□ 골판지 제조 : 대림제지, 대양제지, 대영포장, 삼보판지, 신대양제지, 아세아제지, 태림포장 등

□ 리모델링/인테리어 : LG하우시스, 한샘, 벽산, 국보디자인, 덕신하우징,

삼목에스폼, 이건산업, 에넥스, 하츠 등

□ 비료 : 남해화학, 우진비앤지, 조비, 태경비케이, 효성오앤비 등

□ 수소차 : 뉴익텍, 대우부품, 두산퓨얼셀, 디와이, 모토닉, 삼보모터스, 시노팩스, 에스퓨얼셀, 에코바이오 등

□ 아프리카 돼지열병 : 고려시멘트, 대성미생물, 우성사료, 우진비앤지, 이글벳, 이지바이오, 코미팜, 파루, 팜스코, 태경비케이 등

포스트 코로나 시대에서 주목해야 할 섹터

01 코로나바이러스감염증-19(COVID-19)란?

구 분	내 용
정의	ARS-CoV-2 감염에 의한 호흡기 증후군
질병 분류	- 법정감염병 : 제1급감염병 신종감염병증후군 - 질병 코드 : U07.1
병원체	SARS-CoV-2 : Coronaviridae에 속하는 RNA 바이러스
전파 경로	현재까지는 비말(침방울), 접촉을 통한 전파로 알려짐 - 기침이나 재채기를 할 때 생긴 비말(침방울)을 통한 전파 등 - 코로나바이러스에 오염된 물건을 만진 뒤 눈, 코, 입을 만짐
잠복기	1~14일(평균 4~7일)
진단 기준	환자 : 진단을 위한 검사기준에 따라 감염병병원체 감염이 확인된 사람 진단을 위한 검사기준 - 검체에서 바이러스 분리 - 검체에서 특이 유전자 검출
증상	- 발열, 권태감, 기침, 호흡곤란 및 폐렴 등 경증에서 중증까지 다양한 호흡기 감염증이 나타남 - 그 외 가래, 인후통, 두통, 객혈과 오심, 설사 등도 나타남
치료	대증 치료 : 수액 보충, 해열제 등 보존적 치료 특이적인 항바이러스제 없음

구분	내용
치명률	- 전세계 치명률은 약 3.4%(WHO, 3.5 기준) 　단, 국가별·연령별 치명률 수준은 매우 상이함 - 고령, 면역기능이 저하된 환자, 기저질환을 가진 환자가 주로 중증, 사망 　초래
관리	환자 관리 - 표준주의, 비말주의, 접촉주의 준수 - 증상이 있는 동안 가급적 집에서 휴식을 취하고 다른 사람과 접촉을 피하도 　록 권고 접촉자 관리 - 감염증상 발생 여부 관찰
예방	올바른 손씻기 - 흐르는 물에 비누로 30초 이상 꼼꼼하게 손씻기 - 특히, 외출 후, 배변 후, 식사 전·후, 기저귀 교체 전·후, 코를 풀거나 기침, 재 　채기 후 등에는 반드시 실시 기침 예절 준수 - 기침할 때는 휴지나 옷소매 위쪽으로 입과 코를 가리고 하기 - 호흡기 증상이 있는 경우 마스크 착용 - 씻지 않은 손으로 눈, 코, 입 만지지 않기 - 주위 환경을 자주 소독하고 환기하기

02 코로나바이러스 등장과 다양한 변화

1) 코로나바이러스의 등장

코로나바이러스는 2019년 12월 중국 우한에서 처음 발생하였으며, 이후 중국 전역과 전 세계로 확산되었다. 이전에 없던 새로운 유형의 코로나바이러스(SARS-CoV-2)에 의한 호흡기 감염질환이다. 코로나바이러스 감염증-19는 감염자의 비말(침방울)이 호흡기 또는 눈·코·입의 점막으로

침투되거나 접촉에 의해 전염된다. 감염되면 약 1~14일(추정)의 잠복기를 거친 뒤 발열(37.5도) 및 기침이나 호흡곤란 등 호흡기 증상, 폐렴이 주요 증상으로 나타나지만 무증상 감염 사례 빈도도 높게 나오고 있다.

2) 코로나로 인한 변화

1929년 대공황에 비유되는 코로나19 사태를 계기로 국제 경제·금융·문화·사회 등 정세가 재편되는 분위기이다. 최근 해외 분석기관과 석학들도 코로나19 이전(BC : Before Corona)과 이후(AC : After Corona)의 세계가 구분될 것이라는 주장을 잇달아 내놓고 있으며, 헨리 키신저 전 미국 국무장관 역시 코로나19 사태로 촉발된 정치·경제 대격변이 수 대에 걸쳐 지속될 것으로 진단했다. 컬럼비아대학교 제프리 삭스 교수와 CNBC 진행자인 짐 크래머의 경우 봉쇄(Lockdown)가 끝나고 일상으로 복귀하더라도 이전 상태로의 회귀는 어려울 것이라는 점을 강조하고 있다.

예를 들면, 감염에 대한 우려로 비대면이 확대되면서, 수많은 글로벌 기업들이 재택근무용 상품에 대한 투자를 대폭 늘리고 있다. 미국 식품기업인 크래프트 하인즈사는 재택근무자들이 간편하게 집에서 조리할 수 있는 점심메뉴 생산 시설을 확충하기로 했으며, 코나그라 브랜즈사도 아이오와 공장에서 헬시 초이스, 마리 캘린더스 등과 같은 간편 냉동식품을 만들 수 있는 생산 라인을 대폭 늘리기로 했다. 또한 기저귀와 휴지 등을 생산하는 킴벌리클라크는 앨라배마주 공장의 사무실용 휴지를 제조하는 공장을 가정용 휴지 제조 공장으로 개조하는 작업을 진행 중이다. 이렇듯 코로나19 사태를 계기로 재택근무 문화가 정착될 것이라는 판단에 과감하게 투자를 결정했다고 한다.

우리나라도 사회적 거리두기, 영업 제한 등으로 인한 양극화, 빈부격차, 소상공인의 고통과 좌절이 사회문제로 이어졌다. 향후 코로나가 종식되더라도 젊은층을 중심으로 비대면(Untact) 활동이 일상화되고 소비·투자 관행이 변할 것으로 예상된다. 온라인 활동의 범위가 쇼핑, 재택근무, 원격진료, 원격교육 등으로 확대되면서 디지털 전환(Digital Transformation) 속도가 빨라지게 될 것이다.

전반적으로 여행이 줄어드는 가운데 국내 여행은 늘어날 것이다. 항공사와 호텔, 항공기 제조업체, 해외 유학생에 의존하는 대학들은 어려움을 겪을 것이다. 문화적인 교류도 타격을 입을 것이다. 그리고 트럼프가 촉발시킨, 미-중 갈등은 또 다른 기업활동의 위축을 불러 올 것이다. 화웨이와 틱톡에 그치지 않고 더 많은 기업이 국가 이익에 노출되어 있다. 향후 보호 무역 추이가 우리 경제와 증시에 깊은 영향을 줄 것이다. 또한 코로나 확산 속에 경제적 타격으로 인한 양극화가 구조적 불평등 표출과 종교에 대한 혐오 증가로 표출되었으며, 특히 비대면 근무가 힘든 저임금 서비스직과 취약계층이 경제적으로 더 큰 위험에 노출되면서 사회적 내부 갈등을 자극하였다.

코로나가 경제와 증시에 남긴 흔적들을 보면, 한마디로 극과 극이다. 코로나로 인한 봉쇄와 기업들의 조업 중단은 저금리를 유도하였으며, 그로 인한 시장의 유동성은 상상 이상으로 넘쳐나면서, 돈 되는 곳이라면 닥치는 대로 급등과 버블을 만들었다. 증시, 원자재, 부동산, 골동품, 비트코인까지 돈 냄새가 나면, 돈이 몰리면서 바로 가치가 올라갔다.

2020년 2~3월, 코로나가 창궐하면서 글로벌 경제는 단기 충격을 받았지만, 이후 누구도 가보지 않은 역사적 버블 현상이 여기저기서 만들어졌다. 미국 3대 지수와 우리 증시만 보아도 연간 기준으로 2020년에 어떤 변동성을 보여 줬는지 살펴보자.

주요지수	19. 12월 말 마감 지수	20. 03. 23 최저 지수	코로나 충격 단기 하락률	20. 12월 말 마감 지수	20년 1년간 상승률	20년 저가 대비 상승률
거래소	2197.67	1439.43	-35.6 %	2873.47	30.7 %	99.6 %
코스닥	669.83	419.55	-37.4 %	968.42	44.5 %	130.8 %
다우	28538.44	18213.65	-36.2 %	30606.48	7.2 %	68.0 %
나스닥	8972.60	6631.42	-26.1 %	12888.28	43.6 %	94.3 %
S&P500	3230.78	2191.86	-32.2 %	3756.07	16.2 %	71.3 %

코로나바이러스에 따른 가장 큰 변화는 이동 제한, 사회적 거리두기, 국가간 봉쇄 등이다. 그러다 보니, 온라인 쇼핑, 온라인 전자 결제, 원격 지원 서비스 증가, 게임 및 코로나 진단키트, 치료제 및 백신 기업들이 수혜를 받았다.

대표적인 종목은 너무 많지만, 중복되지 않는 범위에서 열거하면, **NAVER, 다날, 유비케어, 로보스타, YBM넷, 엔씨소프트** 등이 있다. 물론 더 많은 종목이 자신이 코로나 수혜주임을 증명하듯 주가 상승을 보여 주었다.

NAVER

업종(하는 일) : 국내 1위 인터넷 검색 포털 '네이버'와 글로벌 모바일 메신저 '라인'을 서비스한다. 이런 인터넷 서비스를 기반으로 광고, 쇼핑, 간편 결제, 클라우드, 콘텐츠 등 다양한 사업을 영위하고 있다. 글로벌 모바일 서비스 업체 라인과 전자금융업체 네이버파이낸셜, 콘텐츠 서비스 업체 네이버 웹툰 등을 연결대상 종속회사로 보유하고 있다.

2020년 코로나19가 장기적으로 확산되며, 사회적 거리두기와 재택근무가 일상화로 인해 비대면 솔루션과 서비스 수요의 증가로 실적이 개선되었다. 동사는 새 광고 상품 '스마트 채널'을 2020년 5월에 출시하였으며, 중소상공인 중심의 스마트 스토어 판매자들에게 AI 기술을 기반으로 하는 스마트 툴을 제공하는 등 성장 지속을 위한 시도를 이어가고 있다.

ROE	PBR	부채비율	유보율	영업이익률
13.24	5.87	90	47600	19.94

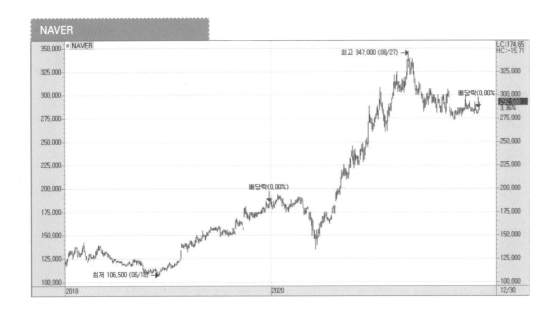

다날

업종(하는 일) : 동사는 소프트웨어 개발, 수출 및 판매 등을 영위할 목적으로 1997년 7월에 설립되어, 2004년 7월 코스닥시장에 상장되었다. 사업은 커머스 부문, 콘텐츠 부문, 게임 부문, 기타 부문으로 구성되어 있다.

휴대폰 결제 서비스를 주 사업으로 국내뿐 아니라 해외에서도 결제 및 인증 사업을 진행하고 있으며, 온·오프라인 휴대폰 결제를 비롯하여, 바코드 결제 등의 사업을 진행 중이다. 최근에는 국내 1위 모바일 결제 플랫폼인 삼성페이와 전략적 제휴를 맺고 오프라인 휴대폰결제 서비스를 출시하였다.

ROE	PBR	부채비율	유보율	영업이익률
3.75	1.42	150	600	7.89

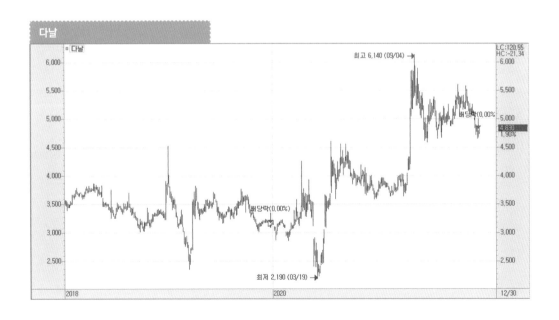

유비케어

업종(하는 일) : 동사는 국내 요양기관 EMR 시장점유율 1위 기업으로서, 의료정보 플랫폼 사업, 개인 건강정보 관리 플랫폼 사업을 영위하고 있다. 특히 전국 24,400여 개의 의료네트워크를 구축하고 있으며, 헬스케어 관련 의료기기를 맞춤형으로 제공하고 있다. 또한, 빠른 시장 선점을 바탕으로 의료 서비스 관련 다각화된 사업 포트폴리오 구축을 완료했다는 점으로 경쟁사와 차별화된 전략을 개진하고 있다.

통계 정보 제공 사업을 기반으로 데이터를 더욱 고도화시키고 신규 플랫폼 론칭을 통해 매출을 확대시킬 계획이다. 코로나의 확산으로 인해 원격 의료서비스 테마에 엮이면서 단기적으로 주가 상승을 보여 주었다.

ROE	PBR	부채비율	유보율	영업이익률
14.88	4.71	15	350	17.09

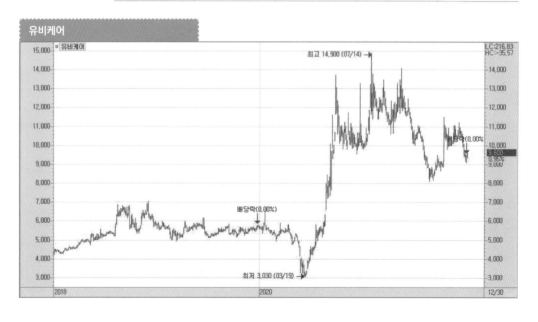

로보스타

업종(하는 일) : 동사는 1999년 2월에 산업용 로봇 제조업 등을 주목적으로 설립되었으며, 2011년 코스닥시장에 상장되었다. 동사는 디스플레이, 자동차 등 다양한 제조현장에서 공정 내 자동화 작업을 수행하기 위해 활용되는 산업용 로봇, FPD장비, IT부품제조장비 등의 제조 및 판매를 주요 사업으로 영위하고 있다.

4차산업 관련 스마트팩토리 구현에 필요한 제반 기술(인공지능 등) 확보를 위해 기술개발을 진행하고 있다. 지지부진한 주가 흐름을 보이다 코로나 확산세에 로봇 관련주들도 일정 부분 테마로 엮이면서 주가 상승을 보여 주었다. LG전자가 최대주주(36.33%)인 기업이다.

ROE	PBR	부채비율	유보율	영업이익률
-23.98	1.46	60	1700	-13.59

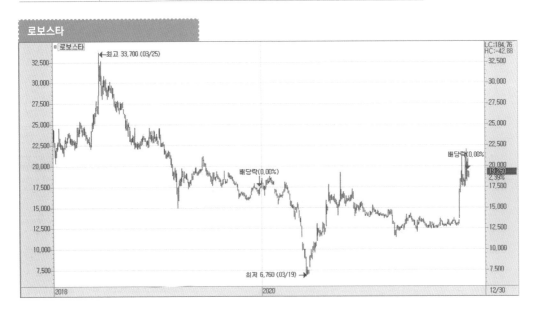

업종(하는 일) : 동사는 온라인교육·콘텐츠제공업·데이타베이스업 및 교육서비스업을 영위할 목적으로 2000년 6월 7일에 와이비엠닷컴으로 설립되었다. 동사는 온라인 교육사업, 온라인 테스트 사업, 디지털 콘텐츠 판매사업을 영위하는 스마트 러닝 교육업체이다. MOS, TOEIC, JPT의 접수 대행 및 온라인 강의 공급을 제공하며, B2B와 B2C 교육에 스마트러닝 서비스를 확대하고 있다.

2020년 코로나 확산세에 따른 등교 지연 및 원격 교육이 확대되면서 교육 관련주(NE능률, 메가스터디, 비상교육, 청담러닝 등)들이 테마로 엮이면서 강한 시세를 주기도 했다.

ROE	PBR	부채비율	유보율	영업이익률
-0.06	3.58	80	400	4.08

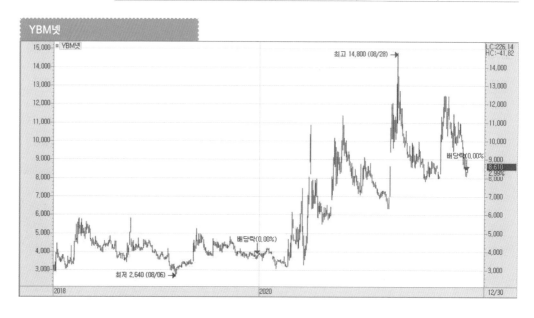

업종(하는 일) : 온라인, 모바일 게임소프트웨어 개발과 공급이 주요 사업이다. PC게임 '리니지'와 '리니지2', '아이온', '블레이드앤소울', 모바일 게임 '리니지M', '리니지2M', '프로야구 H2' 등이 주요 게임이다. 연결대상 종속회사 NC다이노스를 통해 프로야구단을 운영하고 있다.

　동사는 향후 IP의 신구조화를 통해 모바일 플랫폼에서도 양질의 게임을 지속적으로 제공하여 시장의 기대에 부응할 계획이며, 코로나 장기화 게임 업종들도 일정 부분 반사이익을 받았다.

ROE	PBR	부채비율	유보율	영업이익률
23.34	5.89	30	33000	35.30

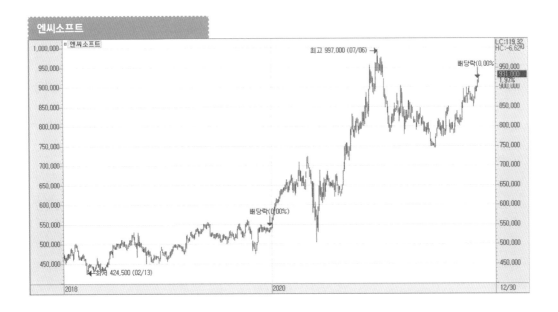

코로나바이러스로 인한 피해 중 가장 심각한 것은 양극화이다. 코로나로 인한 빈부 격차가 더 심화되었다는 것이다. 사회적 거리두기 및 이동 제한으로 영세 자영업자들의 고통이 과거 IMF 때 보다도 심하다고 할 정도이니, 그 심각성을 짐작할 수 있을 것이다. 기업들 입장에서도 업무 차 해외 출장이 불가능해지자, 자연스럽게 수주가 줄면서 매출에 영향을 받게 되었다.

대표적인 종목은 너무 많지만, 중복되지 않는 범위에서 열거하면, **호텔신라, 아시아나항공, 파라다이스, 코스맥스, CJ CGV, 신세계인터내셔날** 등이 있다. 물론 더 많은 기업이 피해를 보고, 어려움을 겪었다는 것은 많은 뉴스와 기사를 통해 알 것이다.

[호텔신라]

업종(하는 일) : 동사는 1973년 5월에 설립되어 TR 부문, 호텔&레저 부문으로 2개의 사업을 영위하고 있다. 신라면세점은 시내 및 공항, 인터넷면세점 등의 영업 채널을 통해 향수, 화장품, 시계, 의류, 가방류 등 다양한 브랜드를 선보이고 있으며 루이비통, 에르메스, 샤넬 등 세계적인 명품 브랜드를 보유하고 있다.

유럽 및 미국 등의 코로나19 재확산으로 국가 간 입국 제한 해제 조치가 늦어질 것으로 전망되며 업계 회복에도 시간이 걸릴 것으로 예상된다.

ROE	PBR	부채비율	유보율	영업이익률
-20.99	3.95	340	320	-4.34

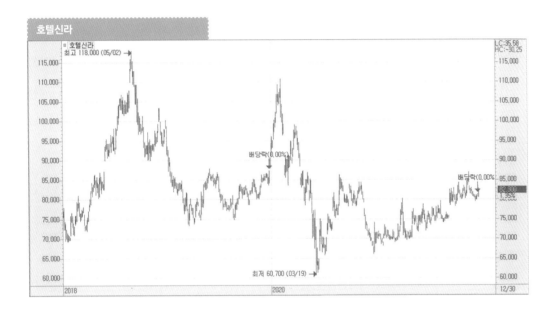

진에어

업종(하는 일) : 국내 대표 저비용 항공사로 항공기를 이용한 여객 및 화물 운송 서비스를 주요 상품으로 하여 소비자에게 판매하고 있다. 원가관리를 통한 가격 경쟁력 확보, 대형 항공사 수준의 정비 유지(대한항공 위탁), 우수한 인적자원 보유, 국내 LCC 유일의 대형 기재를 활용한 전략적 기재 노선 운영 등의 강점이 있다.

코로나19 장기화로 국제선 운항이 급감하면서, 실적 부진이 이어지고 있으며 적자폭은 크게 확대되었다. 코로나19에 따른 여객 수요 저조 등 불확실한 영업 환경이 지속될 것으로 예상되며, 코로나 종식 여부에 따라 실적 개선이 나타날 것으로 예상된다.

ROE	PBR	부채비율	유보율	영업이익률
-109.31	4.29	430	-	-63.63

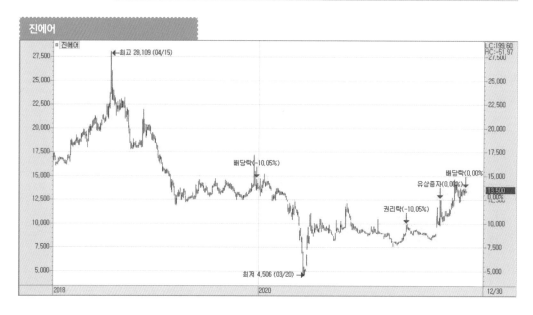

파라다이스

업종(하는 일) : 동사는 관광진흥법에 따라 설립된 외국인 전용 카지노 워커힐, 제주, 인천, 부산 카지노 총 4개소를 운영하고 있다. 패밀리 엔터테인먼트 테마파크 '원더박스'를 공식 개장하였으며, 전통적 퍼포먼스와 현대적 정보기술(IT)을 융합해 전 세계 유일무이한 킬러 콘텐츠를 선보이고 있다. 아트테인먼트 리조트 파라다이스시티는 2020년 포브스 트래블 가이드의 스타 레이팅에서 신규 등재와 동시에 국내 호텔 중 최단기간에 4성등급을 획득하였다.

코로나 장기화로 매출 둔화가 두드러지면, 코로나 종식 여부에 따라 실적 개선세가 나타날 것이다.

ROE	PBR	부채비율	유보율	영업이익률
-7.20	1.16	120	2500	-23.11

파라다이스

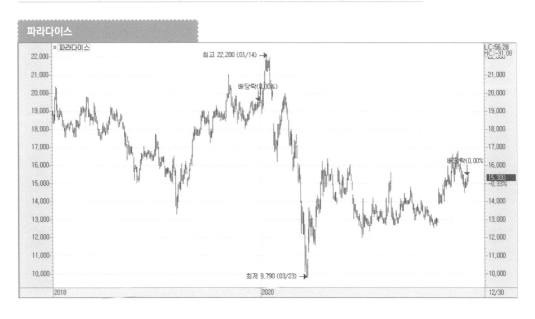

업종(하는 일) : 1992년 설립된 화장품 연구개발 생산 전문기업으로, 한국을 대표하는 화장품 ODM 전문기업이자, 화장품 ODM 매출 기준으로 전 세계에서 가장 큰 기업이다. 국내외 600여 개 브랜드에 화장품을 공급하며, 해외 고객으로 세계 최대 화장품 그룹인 L그룹을 비롯해 미국계 글로벌 기업인 E사와 일본 최대의 기업 S사 등에 제품을 공급하고 있다.

코로나19의 장기화에 다른 화장품 기업 대비 상대적으로 양호한 편이다. 중국 상해, 광저우 법인이 대형 매출처 위주에서 온라인 고객사로 비중을 확대하면서 중국 매출이 회복되고 있다. 화장품 관련주들은 중국과의 관계 개선이 가장 중요한 투심 중의 하나이다.

ROE	PBR	부채비율	유보율	영업이익률
12.17	2.69	270	7200	5.37

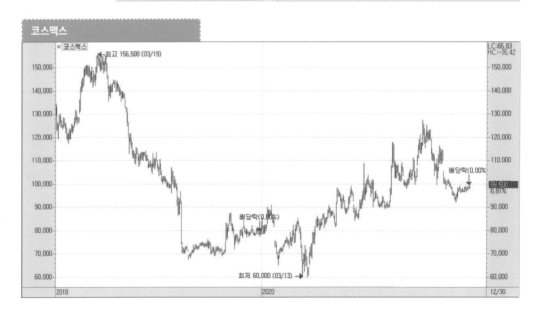

CJ CGV

업종(하는 일) : 1999년 3월에 CJ엔터테인먼트와 호주의 Village Cinema Int'l PTY LTD 2개사의 합작 법인인 CJ Village(주)로 설립되었다. 고품질의 멀티플렉스 극장을 국내에 최초로 보급하였으며, 단일관 위주 상영 문화를 종합엔터테인먼트 플랫폼으로 선진화하였다. 영화 상영 업계에서 시장점유율 1위의 타이틀을 유지하고 있으며, ScreenX, 4DX 및 골드클래스, 씨네드쉐프, 템퍼시네마 등 프리미엄 상영관을 운영하고 있다.

코로나19의 사회적 거리두기 캠페인 등으로 인해 동종 업종의 업황은 좋을 수가 없었다. 코로나의 빠른 종식만이 매출 증대에 도움이 될 것이다.

ROE	PBR	부채비율	유보율	영업이익률
-216.91	11.49	1360	600	-49.96

165

업종(하는 일) : 동사는 신세계백화점 내의 해외사업부로 시작하여, 패션 비즈니스의 전문화와 사업 확장을 위해 1980년 10월 25일에 설립되었다. 사업 부문은 해외 유명 패션 브랜드를 직수입 및 판매하는 패션 라이프스타일 부문과 해외 럭셔리 및 자체 제작 코스메틱 브랜드를 기획, 생산, 유통하는 코스메틱 부문으로 구성되어 있다. 매출 구성은 패션 및 라이프스타일 75.3%, 코스메틱 24.7%이며, 주로 백화점과 대형마트 면세점을 통해 판매를 한다.

코로나19로 인해 소비심리가 악화되면서 실적에 직접적 타격을 입은 기업 중 하나이다.

ROE	PBR	부채비율	유보율	영업이익률
7.18	1.83	90	1600	2.46

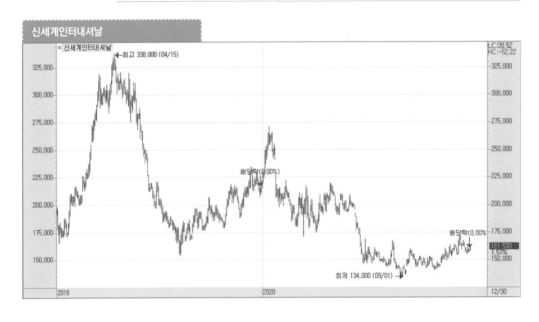

코로나로 인한 종목별 희비는 '영원하지 않다'라는 것이다. 코로나로 피해를 보고, 실적이 안 좋다는 것은 단기적인 악재이다.

그러다 보니 피해주가 하락 이후 반등하고, 수혜주가 상승 이후 하락하면서, 대부분 키맞추기를 한다는 것이다. 언제나 주식시장은 양지가 음지가 되고, 음지가 양지가 된다는 사실이다. 따라서 좋은 기업, 실적이 항상 증가하는 기업, 재무 상태가 양호한 기업들의 단기 악재에 의한 하락은 오히려 매수 기회라는 것을 우리는 최근 코로나로 인한 피해기업과 수혜기업들의 주가 흐름을 통해서 알 수 있었다.

분명, 기후 변화와 자연 파괴로 인한 인간과 동물들에게 나타나는 기존 바이러스와 변종 바이러스가 지속적으로 우리를 힘들게 할 것이다. 따라서 이들 바이러스에 대한 대비를 지속적으로 해야 할 것이다.

그러나 우리는 너무 쉽게 과거를 잊는다. 코로나바이러스가 우리 가정과 기업, 그리고 생활을 힘들게 했건만, 아마 조금만 지나면 모든 것을 잊고 이전 생활로 돌아 갈 것이다. 물론 이전으로 돌아가는 것이 나쁜 것은 아니지만, 조심하고 대비하는 것은 필요하다고 생각한다. 특히 주식을 하는 투자자 입장에서는 바이러스로 인한 종목별 흐름이나 패턴을 기억했다가, 추후 또 다른 비슷한 상황이 왔을 때 현명하게 대처할 수 있어야 할 것이다.

Section 4

아주 쉬운
실전 매매 기법

처음 주식을 시작하면, 무엇을 어떻게 해야 할지 막막할 때가 있을 것이다. 주식책이라고 사서 읽기는 읽는데, 무슨 뜻인지 이해하기 어려울 정도로 복잡하고 난해한 책들이 많을 것이다. 주식이 쉽지는 않지만, 그렇다고 어렵게 생각할 필요는 없다.

개인 투자자들은 빠르게 수익을 내기 위해서, 많은 기법을 배우고 현장에서 접목한다. 그러나 주식 기법이라는 것은 100% 완벽하게 적용될 수 없다. 다만 수익 확률을 높여줄 뿐이다. 따라서 책에서 전하는 매매 기법을 배워서 나의 기법으로 만드는 것이 더 중요하며, 수많은 매매를 통해 경험과 기법을 응용해야 한다.

다른 사람의 매매 기법을 따라 할 정도가 되려면 먼저 기본기가 있어야 한다. 자신이 알고자 하는 매매 기법을 취사 선택할 수 있는 능력이 되어야 한다는 것이다. 매매 기법들을 보면, 추세를 이용한 매매 기법, 패턴을 이용한 매매 기법, 보조지표를 이용한 매매 기법 등 수없이 많은 기법이 있다. 여기에서는 실전에서 바로 활용할 수 있는 간단한 매매 기법을 몇 가지 제시하도록 하겠다.

매매 기법은 논문 같이 복잡하거나 과대 포장되어서는 안 된다. 가장 좋은 매매 전략은 기본에 충실한 매매이다. 특히 매매 기법을 읽고 쉽게 이해하고 따라 할 수 있어야 한다. 그런 가운데 수익은 자연스럽게 따라오게 되어 있다. 대부분의 매매 기법은 대학 논문도 아닌데, 기법을 장황하게 설명하면서 뭐 대단한 것처럼 포장하는 경우가 많다. 그러한 포장에 현혹될 필요 없다. 간결하게, 그러나 수익은 확실하게 주는 실전 매매 기법을 지금부터 풀어 가겠다.

01 기본적 분석으로 종목 찾기

재무제표 활용하기

□ 매 출 액 : **매년 안정적으로 매출액이 상승하는 기업을 찾자.**

□ 영업이익 : **매년 안정적으로 영업이익이 늘어나는 기업을 발굴하자.**

특히 급격하게 이익이 상승하는 기업은 주가 상승 가능성이 더 높다.

□ 부채비율 : **100% 미만인 기업이면 좋을 듯하다.**

□ 유 보 율 : **600% 이상인 기업을 찾자. 유보율이 높은 기업은 안정성과 배당**

성향이 높은 경향이 많다.

씨에스윈드

업종(하는 일) : 2006년에 설립되었으며, 풍력발전 설비 및 제조, 관련 기술 개발, 강구조물 제작 및 설치, 풍력발전 관련 컨설팅 및 지원서비스 사업을 영위하고 있다. 풍력발전기를 높은 곳에 설치 가능하게 하는 풍력발전 타워 및 풍력발전 타워용 알루미늄 플랫폼 등을 생산하고 있다. 동사는 미국, 유럽, 호주 시장의 폭발적인 풍력 타워 수요에 대응하기 위해 과감한 설비투자 및 인력채용을 통해 생산능력을 대폭 증가시키고 있다.

PER	PBR	부채비율	유보율	영업이익률
48.65	6.88	100	5273	9.84

IFRS(연결)	Annual				Net Quarter			
	2017/12	2018/12	2019/12	2020/12(E)	2020/03	2020/06	2020/09	2020/12(E)
매출액	3,122	5,022	7,994	9,792	1,810	2,406	2,733	2,851
영업이익	354	327	601	963	162	242	317	252
영업이익(발표기준)	354	327	601		162	242	317	
당기순이익	390	71	347	663	135	150	208	151
지배주주순이익	389	59	319	629	123	143	206	177
비지배주주순이익	0	11	28		12	8	2	
자산총계	3,879	6,064	7,356	8,609	7,924	8,409	9,440	
부채총계	861	2,879	3,658	4,315	4,089	4,467	4,486	
자본총계	3,019	3,185	3,698	4,294	3,835	3,942	4,953	
지배주주지분	3,017	3,021	3,410	3,991	3,531	3,659	4,636	
비지배주주지분	2	164	289	303	303	284	317	
자본금	86	86	86	87	86	86	86	
부채비율	28.51	90.38	98.90	100.48	106.64	113.31	90.58	
유보율	3,825.64	3,928.38	4,374.17		4,514.93	4,640.40	5,273.26	
영업이익률	11.34	6.52	7.52	9.84	8.98	10.06	11.60	8.84
지배주주순이익률	12.47	1.18	3.99	6.42	6.77	5.93	7.53	6.22
ROA	10.07	1.42	5.17	8.31	7.06	7.36	9.30	6.39
ROE	12.98	1.96	9.92	17.00	14.13	15.87	19.85	15.31
EPS (원)	2,253	343	1,846	3,638	709	825	1,191	1,026
BPS (원)	19,628	20,142	22,371	25,734	23,075	23,702	26,866	
DPS (원)	350	400	460	476				
PER	11.63	80.53	20.59	48.65				
PBR	1.33	1.37	1.70	6.88	1.17	1.77	3.69	
발행주식수	17,286	17,286	17,286		17,286	17,286	17,286	
배당수익률	1.34	1.45	1.21					

카카오

업종(하는 일) : 동사는 국내 1위 메신저인 카카오톡 운영을 바탕으로 성장하였다. 카카오톡을 중심으로 한 모바일 생태계 안에서 다양한 사업 부문들이 시너지를 발휘하며 수익을 창출하고 있다. 메신저, 포털, 커머스, 모빌리티, 테크핀 등 다양한 생활 밀착형 플랫폼 서비스를 통해 이용자에게 새로운 편익을 제공하고 있다. 자회사인 카카오페이가 2020년 상반기 카카오페이증권을 선보였으며, 카카오게임즈는 2020년 9월 코스닥시장에 상장하였다.

2020년 코로나19로 인해 사회적 거리두기가 일상화되면서, 언택트에 기반한 재택근무가 늘어났고, 그로 인한 비대면 경제가 급성장하였다. 이 트렌드에 수혜를 입어 실적이 가파르게 향상되었다.

PER	PBR	부채비율	유보율	영업이익률
76.29	5.84	53	14374	10.89

IFRS(연결)	Annual				Net Quarter			
	2017/12	2018/12	2019/12	2020/12(E)	2020/03	2020/06	2020/09	2020/12(E)
매출액	19,723	24,170	30,701	41,278	8,684	9,529	11,004	12,075
영업이익	1,654	729	2,068	4,495	882	978	1,202	1,431
영업이익(발표기준)	1,654	729	2,068		882	978	1,202	
당기순이익	1,251	159	-3,419	4,827	799	1,452	1,437	1,181
지배주주순이익	1,086	479	-3,010	4,500	775	1,398	1,275	1,220
비지배주주순이익	165	-320	-409		24	55	162	
자산총계	63,494	79,595	87,373	100,589	94,958	100,430	112,326	
부채총계	18,865	23,324	29,971	34,902	34,480	33,415	37,628	
자본총계	44,629	56,272	57,401	65,686	60,478	67,015	74,698	
지배주주지분	40,291	51,369	52,254	59,001	54,536	60,060	63,931	
비지배주주지분	4,338	4,903	5,148	6,685	5,942	6,955	10,767	
자본금	340	417	432	437	435	440	442	
부채비율	42.27	41.45	52.21	53.14	57.01	49.86	50.37	
유보율	11,751.27	12,208.11	12,008.97		12,431.26	13,560.72	14,374.95	
영업이익률	8.38	3.02	6.74	10.89	10.16	10.26	10.92	11.85
지배주주순이익률	5.51	1.98	-9.80	10.90	8.92	14.67	11.59	10.10
ROA	2.11	0.22	-4.10	5.14	3.51	5.95	5.40	4.21
ROE	2.91	1.04	-5.81	8.09	5.80	9.76	8.23	7.63
EPS (원)	1,601	613	-3,578	5,105	892	1,593	1,447	1,384
BPS (원)	59,344	61,614	60,615	66,727	62,728	68,381	72,457	
DPS (원)	148	127	127	152				
PER	85.55	167.97	N/A	76.29				
PBR	2.31	1.67	2.53	5.84	2.48	3.91	5.03	
발행주식수	67,909	83,388	86,223		86,957	87,846	88,248	
배당수익률	0.11	0.12	0.08					

업종(하는 일) : 전기전자부품 제조 및 판매를 주요 사업으로 영위하고 있는 종합 전자부품업체로서, 광학 솔루션, 기판 소재, 전장부품의 총 3개 사업부 체제로 운영되고 있다.

매출은 광학솔루션 64.4%, 기판소재 15.7%, 전장부품 14.6% 등으로 구성되어 있다. 카메라모듈 산업은 기술 집약적 산업이며 전후방 산업과 연관 효과가 매우 큰 고부가가치 산업이다. 주요 원재료인 이미지 센서, IC의 단가 하락에 따라 원가율이 개선되고 있으며, UHD TV의 본격화에 따른 테이프 서브스트레이트(Tabe Substrate) 수요 증가와 OLED 적용 확대로 인한 포토마스크(Photomask) 매출 증가가 예상된다.

IFRS(연결)	Annual				Net Quarter			
	2017/12	2018/12	2019/12	2020/12(E)	2020/03	2020/06	2020/09	2020/12(E)
매출액	76,414	79,821	83,021	93,220	20,109	15,399	22,298	35,405
영업이익	2,965	2,635	4,031	5,987	1,380	429	894	3,254
영업이익(발표기준)	2,965	2,635	4,031		1,380	429	894	
당기순이익	1,748	1,631	1,023	3,068	806	76	269	1,699
지배주주순이익	1,748	1,631	1,023	3,068	806	76	269	1,605
비지배주주순이익	0	0	0		0	0	0	
자산총계	58,775	57,561	57,708	64,539	57,579	57,389	63,843	
부채총계	39,267	36,378	35,662	39,490	34,630	34,454	40,643	
자본총계	19,508	21,182	22,046	25,048	22,949	22,935	23,200	
지배주주지분	19,508	21,182	22,046	25,057	22,949	22,935	23,200	
비지배주주지분	0	0	0	-9	0	0	0	
자본금	1,183	1,183	1,183	1,181	1,183	1,183	1,183	
부채비율	201.29	171.74	161.76	157.66	150.90	150.23	175.18	
유보율	1,548.79	1,690.29	1,763.28		1,839.60	1,838.13	1,860.80	
영업이익률	3.88	3.30	4.86	6.42	6.86	2.79	4.01	9.19
지배주주순이익률	2.29	2.04	1.23	3.29	4.01	0.49	1.21	4.53
ROA	3.43	2.80	1.77	5.02	5.59	0.53	1.78	10.64
ROE	9.37	8.02	4.73	13.03	14.33	1.32	4.67	27.67
EPS (원)	7,385	6,891	4,323	12,964	3,404	321	1,137	6,780
BPS (원)	82,439	89,515	93,164	105,886	96,980	96,906	98,040	
DPS (원)	250	300	300	335				
PER	19.50	12.54	32.39	14.08				
PBR	1.75	0.97	1.50	1.72	1.18	1.80	1.58	
발행주식수	23,667	23,667	23,667		23,667	23,667	23,667	
배당수익률	0.17	0.35	0.21					

PER	PBR	부채비율	유보율	영업이익률
14.08	1.72	157	1860	6.42

셀트리온

업종(하는 일) : 동사는 생명공학 기술 및 동물세포 대량배양 기술을 기반으로 항암제 등 각종 단백질 치료제(Therapeutic Proteins)를 개발, 생산하는 것을 사업 목적으로 하고 있다. 아시아 최대인 140,000L 규모의 동물세포배양 단백질의약품 생산설비를 보유하고 있으며 향후 개발 일정과 수요 등을 고려하여 3공장을 신설할 예정이다. 세계 최초 개발한 자가면역질환 치료용 바이오 시밀러 '램시마'는 2016년 미국 FDA로부터 판매 승인 받았다.

바이오 시밀러 제품의 해외시장 확보로 매출은 매년 성장을 하고 있으며, 현재 해외 소재의 CMO 업체를 활용하여 총 80,000L 규모의 위탁생산 능력을 확보하였다. 특히 CMO를 포함하여 총 270,000L의 생산 설비를 갖추었다.

PER	PBR	부채비율	유보율	영업이익률
81.39	13.50	38	2439	40.88

IFRS(연결)	Annual				Net Quarter			
	2017/12	2018/12	2019/12	2020/12(E)	2020/03	2020/06	2020/09	2020/12(E)
매출액	9,491	9,821	11,285	18,687	3,728	4,288	5,488	5,260
영업이익	5,078	3,387	3,781	7,640	1,202	1,818	2,453	2,444
영업이익(발표기준)	5,078	3,387	3,781		1,202	1,818	2,453	
당기순이익	3,862	2,536	2,980	5,926	1,053	1,386	1,758	1,724
지배주주순이익	3,825	2,618	2,976	5,949	1,049	1,381	1,707	1,765
비지배주주순이익	37	-83	4		4	5	51	
자산총계	33,155	35,406	38,937	47,244	41,240	43,497	46,383	
부채총계	8,836	9,078	9,867	11,971	11,194	11,843	12,838	
자본총계	24,319	26,328	29,070	35,273	30,046	31,655	33,545	
지배주주지분	23,089	25,240	27,942	34,140	28,923	30,524	32,363	
비지배주주지분	1,230	1,088	1,128	1,133	1,123	1,131	1,182	
자본금	1,227	1,255	1,283	1,341	1,347	1,349	1,350	
부채비율	36.33	34.48	33.94	33.94	37.26	37.41	38.27	
유보율	1,823.77	2,006.66	2,215.15		2,189.51	2,304.22	2,439.45	
영업이익률	53.51	34.49	33.50	40.88	32.25	42.41	44.70	46.46
지배주주순이익률	40.30	26.66	26.37	31.84	28.15	32.20	31.10	33.55
ROA	12.19	7.40	8.02	13.75	10.51	13.09	15.65	14.87
ROE	17.53	10.84	11.19	19.17	14.76	18.58	21.71	21.81
EPS (원)	2,858	1,952	2,211	4,411	779	1,024	1,265	1,308
BPS (원)	17,622	19,681	22,058	26,601	22,895	24,042	25,395	
DPS (원)	0	0	0	49				
PER	72.61	108.87	81.86	81.39				
PBR	11.78	10.80	8.21	13.50	10.00	12.73	10.14	
발행주식수	133,917	134,289	134,698		134,707	134,939	134,994	
배당수익률	0.00	0.00	0.00					

셀트리온 하면 셀트리온그룹 서정진 회장 이야기를 안 할 수 없다. 서정 진 회장은 2020년 12월 31일, 약속대로 그룹 경영 일선에서 물러났다. 그 는 "경영과 소유를 분리해야 한다"며 "은퇴를 하면 아들에게 경영권을 물 려주지 않을 것"이라고 개인적 소신을 밝혔었다. 대우자동차 샐러리맨에 서 벤처기업 사업가로 거듭난 서정진 회장, 바이오의약품 문외한이었던 그가 창업 1년 뒤 미국 바이오회사인 벡스젠과 기술 제휴를 맺고 본격적 인 사업에 뛰어들었다. 2002년, 그렇게 셀트리온이 탄생하게 되었다.

빠르면 2021년, 셀트리온, 셀트리온헬스케어, 셀트리온제약 3사의 합병 까지 추진될 것이며, 그렇게 되면 조만간 국내 첫 '빅 파마(Big Pharma)' 탄생이 예고된다.

저평가 기업 찾기

□ 주가수익비율(PER; Price Earning Ratio) : **동일 업종 및 종목보다 저PER 기업을 찾자.**

□ 자기자본이익률(ROE; Return On Equity) : **ROE가 10% 이상이면 안정적 기업으로 평가한다.**

□ 주가순자산비율(PBR; Price Book-value Ratio) : **PBR이 1배 이하인 기업은 저평가 기업으로 평가한다.**

한국항공우주

업종(하는 일) : 동사와 종속회사는 항공기, 우주선, 위성체, 발사체 및 동 부품에 대한 설계, 제조, 판매, 정비 등의 사업을 영위하고 있다. 군수 사업의 대부분은 내수로 구성되며 수요자인 한국정부(방위사업청)와 계약을 통해 제품(군용기)의 연구개발, 생산, 성능개량, 후속 지원 등을 수행하고 있다. 항공 산업은 군용기, 민항기, 헬기 등 항공기를 개발하고, 개발된 항공기를 양산하는 항공기 제조 산업과 운영되는 항공기의 정비 및 개조를 담당하는 MRO 산업으로 구분하고 있다.

보유 중인 수주 잔량 및 향후 군수 사업의 중장기 계획 등을 감안할 때, 군수 사업의 안정적 성장이 지속될 것으로 기대된다. 항공 산업의 특성상 높은 진입장벽을 감안할 때 국내 유일의 항공기 체계 종합 및 제작 업체로서 동사의 국내 항공기 시장에서의 지위는 계속 유지될 것으로 전망된다.

PER	PBR	부채비율	유보율	영업이익률
14.76	2.20	270	150	6.48

TIP : 최근 6년 동안의 일봉 차트에서 고점과 저점을 기준으로 4등분한다. 첫 번째 구간에서는 적극 매수를 통한 중장기 투자가 가능하다. 두 번째 구간에서는 매수를 통한 중기 투자가 가능하다. 세 번째 구간에서는 트레이딩(스윙매매)이 가능하다. 네 번째 구간에서는 추가적 신고가도 가능하지만, 조심스러운 단기 접근 구간이다.

결론적으로, 동 종목은 현 구간에서 적극 매수를 통한 중장기 투자가 가능한 구간이라고 생각한다. 중장기 투자를 할 때는 시장이 도와줘야 한다. 시장이 도와주지 않는 하락장에서는 중장기 투자보다는 단기 트레이딩이 효과적이다.

한국전력

업종(하는 일) : 동사는 1982년 설립되어, 1989년 유가증권시장에 상장하였다. 지배회사인 한국전력공사가 영위하는 사업으로는 전력 자원의 개발, 발전, 송전, 변전, 배전 및 이와 관련되는 영업, 연구 및 기술개발, 보유 부동산 활용 사업 및 기타 정부로부터 위탁받은 사업 등이 있다. 전력산업은 국민의 일상생활과 산업 활동에 없어서는 안될 필수에너지인 전력을 공급하는 주요한 국가기간산업이다.

전력 발전설비 중심의 제한적 사업 범위에서 탈피하여 산업플랜트, 민자발전 사업자가 보유한 열병합 발전설비 및 자가발전소, 연계 에너지 사업 등의 적극적인 참여로 사업 영역을 확대할 계획이다.

PER	PBR	부채비율	유보율	영업이익률
-	0.26	180	2000	6.41

TIP : 최근 6년 동안의 일봉 차트를 보자. 한국전력의 일봉 차트는 앞에서 나온 한국항공우주와 유사한 형태이기 때문에 한국항공우주에서 설명한 방법을 참고하여 일봉 차트를 보기 바란다.

일봉 차트를 봤을 때, 동 종목은 현 구간에서 적극 매수를 통한 중장기 투자가 가능한 구간이라고 생각한다.

휠라홀딩스

업종(하는 일) : FILA의 국내 브랜드 사업을 위해 1991년에 설립되었으며, 2007년 글로벌 상표권을 인수하였고, 2020년 1월 물적분할을 통해 지주회사로 변경되었다. 2020년 1월, 물적분할을 통해 존속법인 휠라홀딩스와 국내 브랜드 사업을 담당하는 신설법인 휠라코리아로 분할되었다. 현재 휠라홀딩스는 글로벌 FILA 브랜드의 지주회사 역할을 하고 있으며, 계열회사의 경영자문과 투자사업, 기타부대사업 등을 주요 사업으로 영위하고 있다.

PER	PBR	부채비율	유보율	영업이익률
10.01	2.11	95	2180	11.72

TIP : 최근 6년 동안의 일봉 차트를 보자. 휠라홀딩스의 일봉 차트는 앞에서 나온 한국항공우주와 유사한 형태이기 때문에 한국항공우주에서 설명한 방법을 참고하여 일봉 차트를 보기 바란다.

결론적으로, 동 종목은 현 구간에서 매수를 통한 중기 투자가 가능한 구간이라고 생각한다. 물론 중기 투자를 할 때는 시장이 도와줘야 한다. 즉, 하락장에서는 중기 투자보다는 단기 트레이딩이 효과적이다.

하이트진로

업종(하는 일) : 동사는 1924년 설립된 주류판매기업으로, '하이트 진로 그룹'의 기업 집단에 속해 있으며, 25개의 계열회사로 이루어져 있다. 동사는 맥주 사업, 소주 사업, 생수 사업 및 기타 사업 부문으로 구성되어 있으며, 이 중 소주 사업이 매출의 56%를 차지한다. 대한민국 대표 소주 브랜드를 넘어 글로벌 소주 브랜드 '참이슬'로 위상을 굳건히 하고 있으며, '진로'의 성공적 출시로 소주 시장에 새로운 바람을 일으키고 있다.

국내 주류 시장은 전반적으로 정체되고 있는 상황이며, 특히 코로나로 인한 외식 경기가 위축된 실정이다. 향후 코로나 종식에 따른 매출 회복을 기대하며, 코로나19의 반사이익으로 집에서 술을 즐기는 '홈술' 트렌드가 확산되어 가정용 제품 판매가 증가하고 있다.

PER	PBR	부채비율	유보율	영업이익률
19.53	2.05	260	200	9.04

TIP : 최근 6년간 하이트진로의 일봉 차트는 앞서 설명한 한국전력, 휠라 홀딩스의 일봉 차트와 유사한 형태를 보인다. 그렇기 때문에 앞서 설명한 종목을 참고하여 일봉 차트를 보길 바란다.

결론적으로, 동 종목은 현 구간에서는 트레이딩(스윙매매) 구간이라고 생각한다. 트레이딩은 단기 목표가를 설정하고 추세를 보면서 반복 매매를 하는 것이다.

오리온

업종(하는 일) : 2017년 6월에 인적분할로 설립되었으며, 음식료품의 제조·가공 및 판매 사업을 주요 사업으로 영위하고 있다. 국내 시장에서는 '초 코파이'를 대표하여 여러 가지 파이 제품과 '포카칩', '오징어땅콩' 등의 안정적인 실적을 바탕으로 매년 다양한 신제품을 출시해 성공시키며 높은 시장 지배력을 보이고 있다.

해외 시장에서는 중국 시장을 중심으로 큰 성장을 이루어내고 있으며, 소매점 판매 강화를 통해 지역 및 채널망을 확장시켜 나가고 있다. 또한, 대형할인점 및 편의점 증가에 따른 유통구조의 변화 및 수입브랜드, PB(Private Brand) 상품의 점유율 확대로 경쟁이 심화되고 있는 추세이다.

PER	PBR	부채비율	유보율	영업이익률
22.74	3.02	40	9140	17.70

TIP : 오리온은 최근 인적분할 이후의 일봉 차트를 살펴보자. 오리온의 일봉 차트 또한 앞서 설명한 종목들의 일봉 차트와 형태가 유사하다. 앞 종목들의 차트 분석법을 참고하여 보길 바란다.

결론적으로, 동 종목은 현 구간에서는 트레이딩(스윙매매) 구간이라고 생각한다.

업종(하는 일) : 동사는 2004년 7월에 LG를 인적분할하여 설립된 지주회사로서, 자회사로는 GS에너지, GS리테일, GS홈쇼핑, GS스포츠, GS이피에스, GS글로벌, GS이앤알이 있다. 사업 부문은 유통, 무역, 가스전력사업, 투자 및 기타(호텔업, 프로축구 등)로 구분된다.

주요 자회사인 GS리테일은 GS25, GS수퍼마켓 등의 유통사업을 영위하고 있으며, 2015년 파르나스호텔 지분을 67.56% 취득하여 관광호텔업도 영위하고 있다.

PER	PBR	부채비율	유보율	영업이익률
6.54	0.40	120	1700	5.68

TIP : 마지막으로 GS의 최근 6년간 일봉 차트를 보자. GS의 일봉 차트 또한 앞에서 설명한 한국항공우주, 한국전력, 휠라홀딩스 등의 일봉 차트에서 수행한 방법과 동일한 방법으로 분석할 수 있다.

결론적으로, 동 종목은 현 구간에서 적극 매수를 통한 중장기 투자가 가능한 구간이라고 생각한다. 물론 중장기 투자를 할 때는 시장이 도와줘야 한다. 즉 하락장에서는 중장기 투자보다는 단기 트레이딩이 효과적이다.

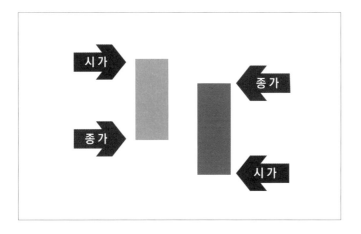

하락 양봉이란?

위의 표에서 볼 수 있듯이, 전일(어제) 종가보다 금일(오늘) 시(초)가가 하락해서 시작한 다음, 주가가 상승(양봉) 마감한 캔들을 솔지담은 하락 양봉이라고 칭한다. 즉, 주가가 전일 종가보다 하락해서 시작한 다음 상승해서 마감하는 캔들을 말한다.

여기서 포인트는,

☐ 대량 거래를 동반하면서 전일 종가를 돌파해야 한다.

☐ 갭 하락은 -4% 이상 하락해야 한다.

☐ 30분봉상 첫 거래(9시부터 9시 30분까지) 캔들의 거래량이 당일 거래량의 50% 이상 발생해야 3거래일 이내에 상승할 확률이 높아진다. -4% 이상 갭 하락하면서 손절 및 투매성 물량이 나와야 저가 매집 후, 장 중에 가볍게 상승 마감할 수 있기 때문이다.

아래 차트를 보면 이해가 쉬울 것이다.

(1) 하락 양봉 실전: 파워로직스

☐ 종목명: 파워로직스

☐ 하락 양봉 발생일: 2017년 10월 31일

□ 시초가: -4.72% 하락 시작

□ 종가: +1.85% 상승 마감(하락 양봉 + 상승장악형 발생)

□ 하락 양봉 발생 이후 2개월 동안 39.2% 수익 발생

30분봉 차트

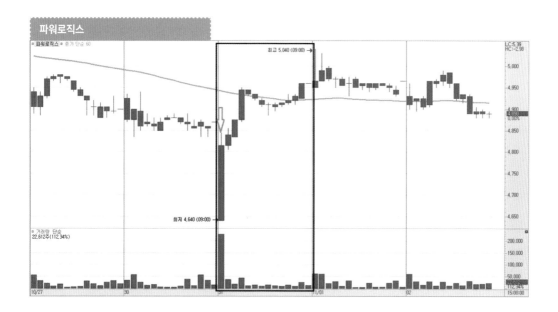

□ 10월 31일 총거래량: 464,123주

□ 첫 30분간 거래량: 227,739주(1일 총거래량의 49% 발생)

□ 결국, 하락 양봉은 일봉 차트와 30분봉 차트에서 나타나는 조건식을 충
  족하면, 강한 상승 반전이 나타남을 알 수 있다.

(2) 하락 양봉 실전: 삼목에스폼

삼목에스폼의 일봉 차트를 보면서 설명하겠다.

먼저, 강한 하락 양봉이 나올 때는 대량 거래도 동반한다는 것을 명심해야 한다. 2월 9일, 26,900원 저점을 형성하기 전에는 주가나 거래량 측면에서 특이사항이 없었다. 그러다 다음 날 1차적으로 강하게 상승하면서 시장의 관심을 끌었다. 그리고 그 다음 날 갭 상승하면서 대량의 거래량을 동반한 장대 양봉을 보이며 제대로 개인 투자자들을 끌어들였다. 그래 놓고 다음 날 시초가를 -9.9% 하락시키면서 대량의 개인 투매 물량을 유발시키고, 그 물량을 저가에 받아 내면서 긴 장대 양봉을 만들었다. 결국 시장을 교란하면서 시초가를 폭락시키자 이를 이겨내지 못하고 투매한 투자자는 이후 강한 상승을 경험하지 못하는 우를 범하게 된다.

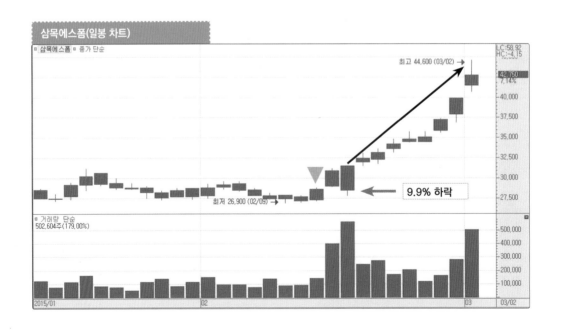

하락 양봉 패턴은 극악무도한 세력의 장난이다. 이런 패턴에 넘어가면 안 된다. 반대로 이런 하락 양봉 캔들을 역으로 이용한 투자자의 경우, 하락 양봉이 발생한 다음 날 하락 양봉 종가 가격대에서 매수를 하면 몇 거래일 이내에 큰 수익을 낼 수 있을 것이다.

(3) 하락 양봉 실전: 솔루에타

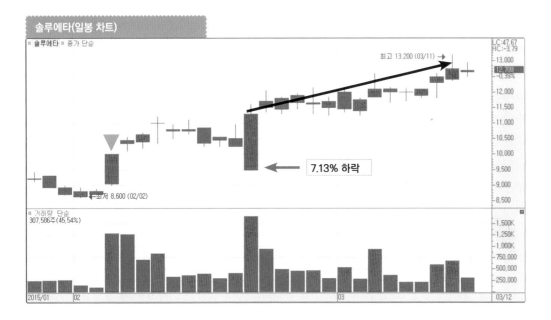

솔루에타의 일봉 차트를 보면서 설명하겠다.

반복해서 말하지만, **하락 양봉이 나올 때 대량 거래 동반은 필수다.** 2월 2일, 8,600원 저점을 형성하고, 이틀 후 대량 거래를 동반한 상한가를 만들었다. 이후 2주 동안 기간 조정을 보이다 결국 다시 한번 하락 양봉이 발생하였다. 구체적으로 설명하면, 시초가를 -7.3% 하락시키면서 대량의 개인 투매 물량을 유발시키고, 그 물량을 저가에 받아내면서 긴 장대 양봉을 만들었다. 이 경우는 상승장악형 캔들을 만들면서 상승에 대한 강한 시그널을 보여 주었다.

이 종목도 결국 시장을 교란하면서 시초가를 폭락시키자 이를 이겨내지 못하고 투매한 투자자는 이후 상승의 달콤한 수익을 경험하지 못하고 손실을 보게 되었을 것이다. 또다시 파렴치한 세력들의 장난 패턴을 보았을 것이다. 이런 패턴을 잘 숙지하여 속아 넘어가면 안 된다. 이런 패턴을 이해하고 역으로 이용하여 하락 양봉이 발생한 다음 날 하락 양봉 종가 가격대에서 매수하면 된다. 그리고 몇 거래일 기다리면 수익은 자연스럽게 다가온다.

연결 캔들(봉)으로 주가 예측하기

캔들(봉) 하나만으로 앞으로 발생할 주가를 예측하는 것보다 앞뒤로 이어지는 여러 개의 캔들을 보고 주가 흐름을 예측하는 방법이다. 주가 흐름 속에서 여러 형태의 캔들이 발생한다. 상승반전형, 하락반전형, 추세지속형으로 구분해서 간단히 설명하겠다.

1. **상승반전형**: 추세적으로 하락하던 주가 흐름 중에 상승반전형 연결 캔들이 발생하면 주가가 상승 전환할 가능성이 높다. 상승반전형 연결 캔들에는 상승장악형, 상승망치형, 상승도지형, 적삼병 등이 있다.
2. **하락반전형**: 추세적으로 상승하던 주가 흐름 중에 하락반전형 연결 캔들이 발생하면 주가가 하락 전환할 가능성이 높다. 하락반전형 연결 캔들에는 하락장악형, 하락망치형, 하락도지형, 흑삼병 등이 있다.
3. **추세지속형**: 추세지속형은 삼각형, 직사각형, 대칭삼각형, N자형 패턴을 보면서 상승 추세, 하락 추세를 예측할 수 있다.

03 30분봉 차트를 이용한 단기매매

아주 쉬운 실전 매매 기법

분봉 차트에서 30분봉을 활용하는 기법으로, 핵심 포인트 다음과 같다.

☐ 1일 장 중 주가 변동폭이 2% 이내에서 움직여야 한다.
☐ 1일 장 중 거래량이 2시 이후에 50% 이상 발생해야 한다.

위 조건을 충족하면, 보통 3거래일 이내에 7% 이상의 주가 상승이 나온다. 왜 그럴까? 이유는 단순하다. 장 중에 주가 변동이 거의 없고, 장 후반에 주가 변동 없이 물량을 교환한다는 것은 조만간 한 번 시세를 준다는 사인이다. 그러면 종목을 보면서 설명하겠다.

(1) 현대해상

현대해상의 4월 18일 30분봉 차트를 보면, 장 중에는 가격 변동폭이 적으면서 장 막판에 대량 거래를 동반하였다. 여기서 중요한 포인트는 가격을 상승시키거나 하락시키지 않으면서 대량 거래를 동반한다는 것인데, 이는 조만간 세력이 주가를 상승시키겠다는 의도가 숨어 있는 패턴이다. 결국 이후에 상승을 보여 주었다.

(2) 한화생명

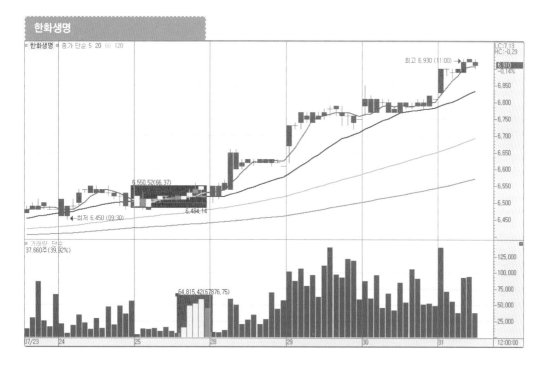

한화생명의 7월 25일 30분봉 차트를 보면, 이 차트 역시 장 중에는 가격 변동폭이 적으면서 장 막판에 대량 거래를 동반하였다. 결국 **30분봉 단기매매의 핵심 포인트는 가격을 상승시키거나 하락시키지 않으면서 대량 거래를 동반하는 것이다.** 이런 패턴은 3거래일 이내 또는 3거래일 동안 조만간 세력이 주가를 상승시키겠다는 의도가 숨어 있는 것이다. 결국, 이 차트에서도 이후에 상승을 보여 주었다.

04 스윙매매 기본 패턴 따라하기

정배열 초입 구간에 진입한 챠트를 이용한 스윙매매 기법으로, 핵심 포인트는 다음과 같다.

- ☐ 60일 이동평균선이 반드시 우상향이어야 한다.
- ☐ 20일 이동평균선이 60일 이동편균선을 골든크로스할 때 1차 매수한다.
- ☐ 이후 주가가 상승을 하면, 조정 시 2차, 3차 매수를 활용한다.
- ☐ 조정 시 매수 타이밍은 20일 이동평균선 또는 60일 이동평균선에서 분할 매수한다.
- ☐ 이 매매 기법은 상승 추세를 이어가기 때문에 매수/매도를 반복하면서 수익률을 극대화할 수 있다.

스윙매매란?

스윙매매는 추세매매라고도 하며, 일주일에서 한 달 정도의 기간을 두고 저점매수·고점매도 방식으로 단기 시세차익을 꾀하는 매매전략을 말한다. 초단타매매, 장기보유 등에 대비되는 전략이다.

(1) 엑세스바이오

엑세스바이오의 일봉 차트를 보면서 설명하도록 하겠다.

2014년 1월 중순경에 20일 이평선이 60일 이평선을 골든크로스하면서 주가가 급등하였다. 그러나 골든크로스 발생 이전에 주가가 급등하였기 때문에 1차 매수를 못한 투자자가 있을 것이다. 적극적인 투자자라면 추격 매수를 하면서 수익을 챙기겠지만, 보수적인 투자자라면 2차 매수를 기다리면 된다. 골든크로스 발생 이후 주가가 상승하면서 고점을 형성하고, 차익 실현 물량이 나오면서 반드시 가격 조정을 하게 되어 있다. 동종목도 고점에서 7거래일 조정을 보이며 60일 이평선까지 정확히 내려 왔다. 이렇듯 1차 매수를 못했다고 당황하지 말자. 모든 주가가 조정을 기다리면 반드시 원하는 매수 가격까지 내려온다. 이때 2차 매수를 하였다면 주가가 상승할 것이다. 주가가 상승하면서 이격이 벌어지면 또다시 차익 실현을 하고 조정을 기다리면 된다. 결국 고점 형성 이후 다시 8거래일 조정을 보이면서 20일 이평선까지 조정을 하였다. 이 타이밍에서 3차 매수를 하면 된다. 이렇듯 추세가 살아 있는 종목은 반복적인 매수/매도를 통해 지속적인 수익 발생을 경험할 수 있다.

(2) 산성앨엔에스

산성앨엔에스의 일봉 차트를 보면서 설명하도록 하겠다.

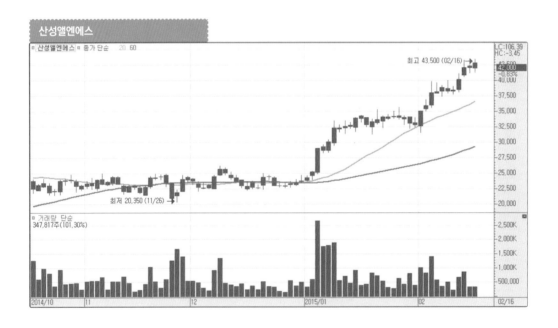

2015년 1월 초에 20일 이평선이 60일 이평선을 골든크로스하면서 주가가 급등하였다. 동 종목은 골든크로스가 발생하면서 주가도 점진적으로 상승하다가 단기 급등을 보여 주었다. 일반적인 투자자라면 단기 급등을 하면 충분히 차익 실현을 하고픈 욕구가 생기며, 이때 차익 실현을 해도 된다. 주가가 상승하고 이격이 벌어지면 수렴하는 관성이 있다. 따라서 매도 후 기다리면 주가는 대부분 원하는 가격대까지 조정을 한다. 동 종목도 차익 실현한 이후 주가가 상승과 하락을 반복하면서 15거래일 동안 박스권 횡보를 보여 주었다. 긴 기간 조정을 보이다 결국, 20일 이평선까지 조정을 하였다. 차익 실현 후 15거래일 만에 2차 매수를 할 수 있게 되었다. 2차 매수 이후 주가는 다시 상승하는 모습을 보여 주고 있다. 이런 차트의 종목은 단기를 넘어 중기적으로 보유해도 충분히 안정적인 수익을 안겨준다.

아주 쉬운 실전 매매 기법

보조지표를 이용한 단기매매

01 RSI 다이버전스를 이용한 스윙매매

주가는 하락하는데, RSI 보조지표는 상승할 때 '다이버전스'가 발생했다고 하며, 일반적으로 주가가 하락보다는 상승하는 경우를 말한다.

RSI와 주가를 통해 매매하기

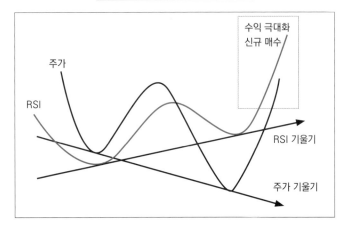

삼성중공업(일봉 차트)

삼성중공업 일봉 차트를 보면, 주가는 하락하는데, RSI 보조지표는 상
승하면서 다이버전스가 발생하였다. 이후 주가는 추가 하락하지 않고 상
승하였다.

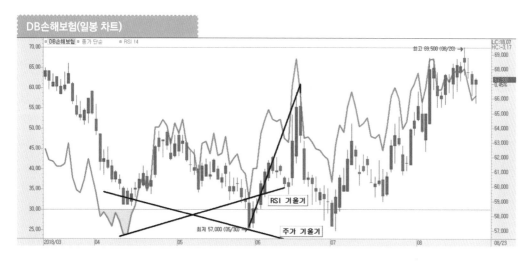

DB손해보험(일봉 차트)

DB손해보험 일봉 차트의 경우도 주가는 하락하는데, RSI 보조지표는
상승하면서 다이버전스가 발생하였다. 이후 주가는 추가 하락하지 않고
상승하였다.

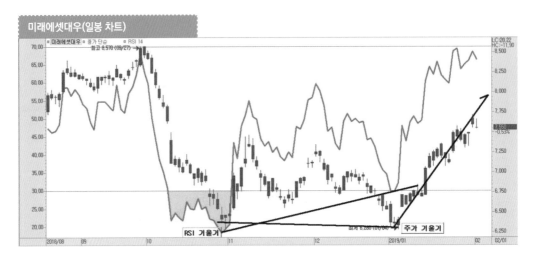

미래에셋대우의 일봉 차트도 마찬가지로 주가는 하락하는데, RSI 보조
지표는 상승하면서 다이버전스가 발생하였다. 이후 주가는 추가 하락하
지 않고 상승하였다.

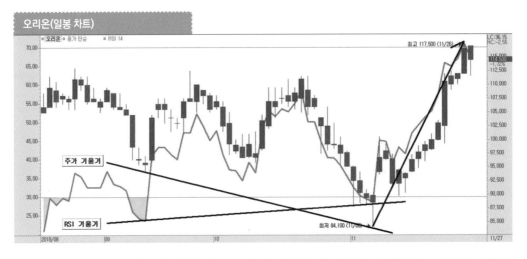

오리온의 일봉 차트도 앞서 언급한 세 회사와 마찬가지로 주가는 하락
하는데, RSI 보조지표는 상승하면서 다이버전스가 발생하였다. 이후 주
가는 추가 하락하지 않고 상승하였다.

주가가 상승하더라도 일정 부분 차익할 필요가 있다.

RSI와 주가를 통해 매매하기

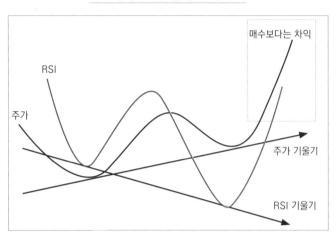

GS건설 일봉 차트를 보면, 주가는 상승하는데 RSI 보조지표는 하락하

여, 주가 캔들도 윗꼬리를 달면서 음봉이 자주 발생한다. 이런 징후가 상승 과정에서 나오면 하락 반전 가능성이 높기에 추가 상승에 대한 기대감보다는 하락에 대비해야 한다.

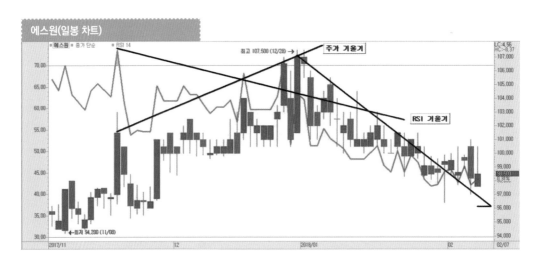

에스원 일봉 차트도 마찬가지로, 주가는 상승하는데 RSI 보조지표는 하락하여 주가 캔들도 윗꼬리를 달면서 음봉이 발생한 이후, 장대 음봉이 출현하였다. 이런 징후가 상승 과정에서 나오면, 하락 반전 가능성이 높기에 추가 상승에 대한 기대감보다는 하락에 대비해야 한다.

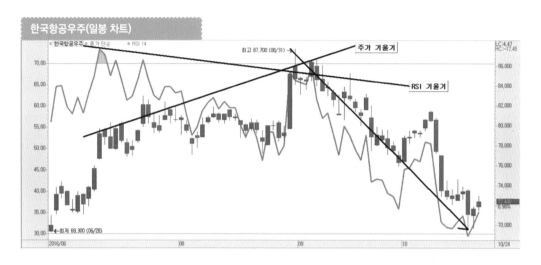

한국항공우주 일봉 차트 또한 앞의 두 종목과 마찬가지로, 주가는 상승하는데 RSI 보조지표는 하락하여, 주가 캔들도 윗꼬리를 달면서 음봉이 자주 발생하였다. 이런 징후가 상승 과정에서 나오면, 하락 반전 가능성이 높기에 추가 상승에 대한 기대감보다는 하락에 대비해야 한다.

Section 5

아주 쉬운
목표가·손절가
잡는 방법

주식을 하다 보면 시장이 하락장이든, 상승장이든 상관없이 수익과 거리가 먼 투자자들이 있다. 그런 투자자들의 공통된 고민과 걱정은 무엇일까? 필자는 개인 투자자들의 입장에서 그 고민들을 생각해 보았다.

1. 첫 번째 고민

- 기본적인 지식은 다 안다고 생각하는데…
- 뜻대로 안되고 자꾸 엇박자가… 나는 바보인가?
- 호재성 뉴스에 매수하면, 왜 하락하지?
- 악재성 뉴스에 매도했더니, 왜 오르지?
- 왜 매수하면 내리고, 매도하면 오를까?

2. 두 번째 고민

- 수익 챙기는 것이 생각보다 어려워요.
- 계좌가 온통 마이너스 종목뿐이라 걱정입니다.
- 노력도 하고, 열심히 한다고 하는데… 잘 안되네요.
- 이제는 누구 믿는 것도 두려워요.
- 그만하고 싶은데, 그것도 쉽지 않고, 난감합니다.

3. 세 번째 고민

- 남들은 잘 번다고 하는데, 나는 왜 이렇지?
- 나도 좋은 종목으로 대박 나고 싶다.
- 대박은 필요 없고, 본전이라도 찾고 싶다.
- 어떤 종목이 나에게 웃음을 줄까?
- 나도 주식 잘 할 수 있을까? 등등

결국, 우리 개인 투자자들은…

☐ 어떤 종목이 나에게 수익을 줄까?

☐ 언제 매도해야 최고의 수익을 줄까?

☐ 언제 손절해야 가장 효율적인 손실을 입을까?

이는 주식을 하는 이상, 항상 고민하고 해결해야 할 숙제이다.

필자가 생각하는 주식 잘 하는 방법은?

기본에 충실하자!

이것이 정답이다. 그렇다면 어떻게 해야 기본에 충실한 것일까?

1. 분할매수하자

☐ 매수하는 순간, 바로 오를 수 없다는 것을 인정하자.

☐ 매수하고 오를 수도 있지만, 내릴 수도 있다는 점을 알자.

☐ 분할매수를 해야, 가장 합리적인 매수 가격이 주어진다.

2. 분할매도하자

☐ **최고점에서 완벽한 매도는 꿈일 뿐이다.**

☐ 최고점에서 매도 기회를 놓치고, 보유하다 보면…

☐ 수익이 손실로 바뀌는 경우가 자주 발생한다.

결국, 주식을 할 때 매수도 중요하지만 매도가 얼마나 중요한지 실전에서 느끼고 경험할 것이다. 다음은 그런 고민을 해결하기 위해 준비한 내용들이다.

2017~2018년, 시장의 주도 섹터 중 하나는 전기차 관련주이다. 전기차 관련주인 대주전자재료라는 종목을 보면서 장기 목표가 및 스윙매매 목표가 잡는 방법을 보도록 하겠다.

1) 대주전자재료의 최근 10년간 일봉 차트

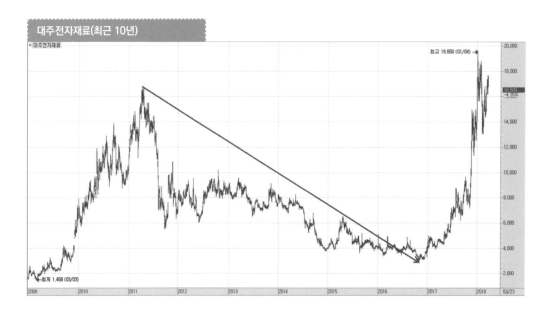

□ 2011년 4월 15일 16,695원 고점

□ 2016년 11월 3일 2,853원 저점

5년 7개월 동안 대세 하락 차트, 이후 대세 상승 흐름을 통해 목표가 잡는 법을 보자.

2) 대주전자재료의 최근 2년간 일봉 차트

2011년 4월 15일에 16,695원으로 고점을 형성한 이후, 2016년 11월 3일에 2,853원 저점 구간에서 어떤 시그널이 나왔을까?

무슨 변화가 있었기에 5년 7개월이라는 대세 하락의 끝을 보여 주었는지, 위 차트의 변곡점 구간을 확대해 보겠다.

3) 대주전자재료의 변곡점 구간 확대 차트

대세 하락의 마지막 구간에서 거의 한 달 동안 30%를 추가 하락시키면서, 최악의 공포를 통해 마지막 투매까지 유발시켰다.

1차 시그널 긴 하락 과정에서 지친 투자자들에게 시초가를 -3.75% 갭 하락시키면서 추가 투매를 유발시키고, 이후 장 내내 상승하면서 +8.52% 상승 마감하였다. 대부분의 투자자는 캔들 상 바닥권에서 '상승장악형 캔들'이 나오면 매수 사인으로 인식하고 있다. 그런데 상승장악형 캔들이 발생한 이후 오히려 4거래일 동안 하락하면서, 상승분 대부분을 다 반납하면서 다시 한번 종목에 대한 매도를 유발시켰다. 그러다 보니 대부분의 투자자는 동 종목을 원수처럼 생각하면서 쳐다도 보지 않을 것이다.

2차 시그널 1차 시그널(상승장악형)이 나오고, 4거래일 동안 하락한 다음 마지막 극도의 공포를 주면서 시초가부터 투매를 유발시킨다. 즉, 시초가가 -4.02% 갭 하락으로 시작하면서 최근 4거래일 하락도 버티기 힘들었는데, 또다시 갭 하락하면서 시작하다 보니 멘붕이 오면서 대부분 투매를 하게 된다. 그러나 여기서 현명한 투자자라면 시장의 공포 심리에 넘어가면 안 된다. 솔지담이 강조한 대세 하락흐름에서 발생하는 '하락 양봉'은 변곡점이 될 가능성이 높다고 했다. 결국 이후 대세 상승 차트를 만들었는데, 다음 차트를 보겠다.

4) 장기 목표가 선정 방법

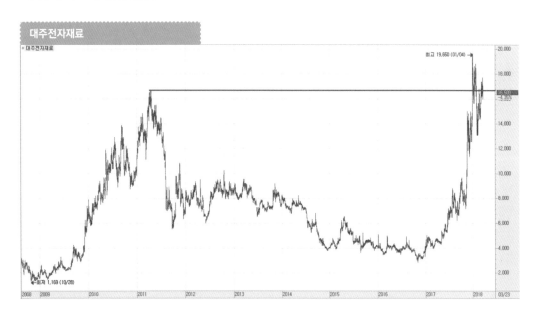

장기 목표가는 동 종목의 업황, 기업의 실적, 그리고 시대적 트렌드(국가 전략 사업)와 부합하는 종목인지를 먼저 확인하고 보유해야 한다.

두 번째는 주식시장이 상승장인지, 하락장인지도 매우 중요하다. 하락장은 종목을 장기적으로 끌고 가기에는 부적합하다. 하락장에서는 주가가 지속적으로 오르는 것이 쉽지 않기 때문이다.

결국 동 종목은 위 조건에 부합하여, 5년 7개월 동안의 긴 주가 하락 분을 단 1년 만에 회복하였다.

5) 스윙매매로 목표가 잡기

성격상 장기 투자를 못 하는 투자자가 대부분이다. 그러다 보니 6개월, 1년을 보유한다는 것 자체를 싫어하는 분들이 많다. 그래서 그 대안으로 스윙매매를 많이 활용하는데, 여기서 스윙매매에서 목표가 잡는 법을 보자.

2016년 11월 3일 2,853원 저점을 기준으로 6개월 정도의 차트를 보면,

2016년 8월 4일 4,242원 고점을 형성하였다. 보통 이전 고점을 목표가로 설정하고 짧게는 1~2개월, 조금 더 길게 보면 3~4개월 정도 보유하면 목표가에 도달한다. 그러기 위해서는 차트의 흐름(추세)이 우상향이어야 한다. 결국 2개월 되는 2017년 1월 10일에 목표가(4,242원)를 돌파하게 된다. 그리고 추세가 살아 있으면 중장기적으로 반복 매매를 통해 수익 극대화를 이룰 수 있다. 즉, 상승 추세를 보이는 종목은 지지선에서 매수와 저항선에서 매도를 반복하면서 수익을 극대화해야 한다.

주가가 상승할 때는 보통 N자형 상승을 한다. 이를 응용한 지지선과 저항선을 보면 아래와 같은 반복된 패턴을 보여 준다. 이를 활용한 반복 매매를 하면 되는데, 기술이 필요한 부분이기에 추후 깊이 있게 다루도록 하겠다. 물론 하락할 때도 비슷한 패턴으로 하락한다고 보면 된다.

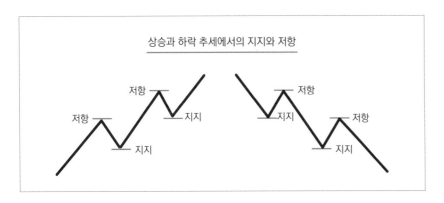

지지선은 매도 물량이 많아 주가가 계속 하락하다가, 어느 시점부터 매도가 아닌 매수 물량이 많아지면서 주가 하락하지 않는 시점을 말한다. 반면, 저항선은 지지선과 반대로 생각하면 된다. 즉, 지속적으로 매수 물량이 많아서 꾸준히 상승하던 주식이 어느 순간부터 매도 물량이 많아지면서 주가가 상승이 아닌 하락하는 시점을 말한다.

6) 차트에서 보여 주는 동일 패턴을 이용하자

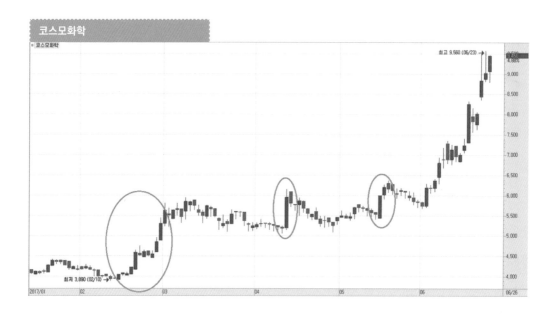

위 차트의 원에서 알 수 있듯, 단기적으로 접근할 때는 일정 부분 상승하면 매도를 해야 한다. 단기 상승 이후 보통 1~2주, 또는 3~4주 정도 조정을 주지만, 어떤 경우에는 추세가 깨지면 긴 시간 하락하는 경우도 있다. 그래서 손절가를 잡는 것도 매우 중요하다. 즉, 수익도 중요하지만, 손실을 줄이는 것도 매매에서 매우 중요하다. 그리고 매수해서 수익이 났다고 급하게 재매수하게 되면, 많은 경우 생각지 않은 긴 시간 동안 해당 주식을 보유하게 된다.

02 손절가 잡는 방법

   2011년에 역사적 신고가(175,175원)를 형성한 삼성엔지니어링이 2015
년 12월 15일, 치욕적인 가격(7,948)원까지 하락하였다. 4년 6개월 만에
삼성이라는 기업이 고점에서 90% 이상 하락하였다. 이렇듯 손절가를 잡
고 대응하는 것이 그 어느 것보다도 중요하다.

1) 삼성엔지니어링 최근 8년간 일봉 차트

2011년 7월 22일, 175,175원 고점, 2015년 12월 15일, 7,948원 저점. 4년 6개월 동안 전형적
인 대세 하락 차트의 모습을 보여 주고 있다.

2) 4년 6개월 하락 추세 분석하기

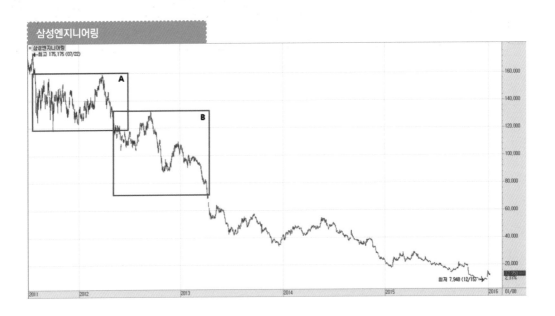

2011년 7월 22일에 고점을 형성한 이후, 추가 상승을 위한 약 8개월 동안 박스권 흐름을 보여 주다가 하락 추세로 전환됐다. 위 'A 네모 박스' 구간을 이탈하면서 N자형 하락 추세를 이어감을 알 수 있다.

여기서, '삼성인데 더 떨어지겠어?'라고 안일하게 생각하면 안 된다. 이런 하락을 분석해 보면 업황 부진, 업체 간 출혈 경쟁, 그리고 2014년 이후 급락을 보인 국제유가 하락이 동 종목을 끝도 없는 하락으로 몰고 갔다.

'A 박스' 구간 이탈 시 매도를 못 했다면, 손실을 줄이기 위해서 어떻게 매도해야 하는지, 위 차트의 'B 네모 박스' 구간을 확대해서 분석해 보도록 하겠다.

3) N자형 하락 추세에서 손절가 잡는 방법

삼성엔지니어링

2011년 7월 22일에 고점을 형성한 이후, 추가 상승을 위해 약 8개월 동안 박스권을 흐름을 보여 주다가, 2012년 3월 27일에 159,279원까지 반등을 주고 이내 다시 하락한다. 여기서 반드시 손절해야 한다. 이것이 바로 **'1차 손절' 라인**이다. 수개월간 1차 손절 라인 가격대를 지지하다가 다시 그 가격대를 이탈하면서 하락한다는 것은 그동안 상승을 위해 매수한 수급들이 매도로 전환하는 심리선이기 때문이다.

그래도 삼성 브랜드이고 무서워서 손절을 못 했다면, 눈 딱 감고 손절해야 하는 가격대가 바로 **'2차 손절' 라인**이다. '1차 손절' 라인에서 손절을 안 했는데, '2차 손절' 라인에서 1개월 이상을 지지하다가 다시 반등을 주었다. 상승을 줄 때 손절하기는 쉽지 않다. 그러나 위에서 언급했듯, '2차 손절' 라인을 지지하면서 4개월 이상 상승을 모색하다가 다시 '2차 손절' 라인을 이탈한다는 것은, 그동안 상승을 위해 매수한 세력들이 매도로 전환하는 기준선(가격대)이라는 것이다. 결론적으로, N자형 하락에서 이전 저점(가격)을 손절 가격으로 생각한다면 크게 틀리지 않다.

4) 급등 이후 고점에서 세력 이탈 포인트

주가가 저점에서 2배, 3배 이상 급등하는 종목들은, 추가 상승을 노리는 투자자 또는 단기 급등을 노리는 단타 세력들의 장난감(종목)이 된다. 바닥에서 몇 배 이상 급등한 종목을 잘못 건드리면 씻을 수 없는 실수를 범하게 된다. 따라서 이런 종목은 반드시 적절한 손절해야 한다.

위 차트를 보면 '손절 라인'이 보일 것이다. 여기는 동 종목의 최고점을 형성한 캔들의 저가를 **'손절 라인'**으로 삼아야 한다. 그 이유는 최고가를 형성하면서 이전에 볼 수 없었던 가장 많은 거래를 동반했기 때문에 이 가격을 하회하면 바로 손절해야 한다. 이 라인은 세력들이 동 종목에서 단물을 빼먹고 빠져나간다는 신호이다. 만약 그 '손절 라인'을 지키지 않았다면 차트에 보듯 엄청난 하락을 경험할 것이다.

양적완화

정책 금리가 '0'에 가까운 초저금리 상태에서 정부가 경기 부양을 위해 시중에 돈을 푸는 정책을 말한다. 금융 자산의 매입을 통해 시장에 유동성을 공급하는 것이다.

양적완화는 중앙은행이 기준금리 조정을 통해 간접적으로 유동성을 조절하던 기존 방식과 달리, 국채나 다른 자산을 사들이는 직접적인 방법으로 시장에 통화량을 늘리는 정책이다. 한편, 양적완화 정책을 점진적으로 축소하는 것을 테이퍼링(Tapering)이라고 한다.

테마주 투자전략: 핫한 이슈 속 돈 되는 주식테마 찾기

Appendix

암호화폐로
수익을
낼 수 있는가

암호화폐로 수익을 낼 수 있는가

암호화폐, 비트코인에 대한 솔지담의 생각

01 암호화폐(가상화폐)의 정의

암호화폐(가상화폐)란 지폐나 동전 등의 실물이 없고 온라인상에서 거래되는 화폐를 지칭한다. 일찍이 해외에서는 눈에 보이지 않고 컴퓨터상에 표현되는 화폐라고 해서 디지털 화폐(Digital Currency) 또는 가상화폐 등으로 불렀지만, 최근에는 암호화 기술을 이용하는 화폐라는 의미로 암호화폐라고 부르며 정부는 가상통화라는 용어를 사용한다. 암호화폐는 각국 정부나 중앙은행이 발행하는 일반 화폐와 달리, 처음 고안한 사람이 정한 규칙에 따라 가치가 매겨진다. 또한 정부나 중앙은행에서 거래 내역을 관리하지 않고 블록체인 기술을 기반으로 유통되기 때문에 정부가 가치나 지급을 보장하지 않는다.

1982년, 데이비드 차움은 「추적할 수 없는 지불을 위한 블라인드 서명; Blind Signatures for Untraceable Payment」이라는 논문을 발표했으며, 이 논문은 암호화 서명의 초기 버전이라고 할 수 있다. 이후 2009년 비트코인 개발을 시작으로 2017년까지 무려 1,000여 개에 이르는 암호화폐가 개발됐으며, 이 가운데 절반인 약 500개가 거래되는 것으로 알려져 있다. 대표적인 암호화폐는 비트코인을 비롯해 이더리움, 비트코인 골드, 비트코인 캐시, 리플, 대시, 라이트코인, 모네로 등이 있는데, 현재 비트코인과 이더리움이 암호화폐 시장을 주도하고 있다.

암호화폐는 블록체인 기술을 활용하는 분산형 시스템 방식으로 처리된다. 분산형 시스템에 참여하는 사람을 채굴자라고 하며, 이들은 블록체인 처리의 보상으로 코인 형태의 수수료를 받는다. 이러한 구조로 암호화폐가 유지되기 때문에 화폐 발행에 따른 생산비용이 전혀 들지 않고 이체비용 등 거래 비용을 대폭 절감할 수 있다. 또한 컴퓨터 하드디스크 등에 저장되기 때문에 보관 비용이 들지 않고, 도난 또는 분실의 우려가 없기 때문에 가치 저장 수단으로서의 기능도 뛰어나다는 장점을 가지고 있다. 그러나 거래의 비밀성이 보장되기 때문에 마약 거래나 도박, 비자금 조성을 위한 돈세탁에 악용될 수 있고, 과세에 어려움이 생겨 탈세 수단이 될 수도 있어 문제가 된다.

02 블록체인의 기술

암호화폐의 핵심기술인 블록체인(Block Chain)은 다보스포럼에서 제4차 산업혁명을 이끌 기반 기술 중 하나로 선정되면서 전 세계적으로 주목받은 기술이다. 블록체인 기술은 비트코인 등 디지털 통화 거래 내역을 기록하기 위해 개발된 분산형 장부 기록 데이터베이스 기술로, 금융거래에서 장부 책임자가 없는 거래 시스템이다. 새로운 거래가 발생할 때마다 그 정보를 별도의 블록으로 만들고, 이 블록을 기존 장부에 연결하는 방식이다. 거래가 일어날 때마다 분산된 장부들을 서로 대조하기 때문에 장부 조작이 극히 어려워 강력한 보안을 유지할 수 있다. 그러나 블록체인으로 성사된 거래는 취소하기 어렵고, 중앙기관이라는 개념이 없어 문제 발생 시 책임 소재가 모호하다는 단점이 있다.

03 블록체인의 종류

암호화폐가 급등과 급락을 반복하면서 투기의 장 또는 수단으로 전락하고 있어 나라마다 암호화폐를 엄격하게 규제 및 통제를 가하고 있다. 그런 가운데 블록체인 기술은 필요하다면 지원한다는 것이 각 정부의 정책 방향이라고 말할 수 있다. 현재의 흐름은 뾰족한 대안이 없는 가운데 암호화폐와 블록체인을 분리해서 정책적으로 대응해야 하는지를 놓고 갑론을박(甲論乙駁)이 벌어지고 있는 게 사실이며, 그 답을 찾기까지는 앞으로 많은 시간이 필요할 것으로 생각한다.

일반적으로 블록체인은 크게 두 가지로 나눠 볼 수 있다. 퍼블릭(Pbulic, 공개형) 블록체인과 프라이빗(Private, 폐쇄형) 블록체인이다. 단어 그대로 누구나 네트워크에 참여해 거래와 열람, 검증을 할 수 있도록 열어둔 것이 퍼블릭 블록체인이고, 반대로 특정 주체가 내부 전산망을 폐쇄적으로 관리하는 방식이 프라이빗 블록체인이라고 할 수 있다. 특히 블록체인을 활용하고자 하는 기업이라면 아무나 쉽게 정보를 들여다볼 수 없도록 해야 하기에, 최근에는 이를 엔터프라이즈 블록체인이라고도 부른다. 여기서 핵심은 퍼블릭 블록체인과 프라이빗 블록체인 가운데 어느 쪽을 택할 것인가에 따라 암호화폐와 블록체인이 분리될 수 있느냐에 대한 답이 달라질 수 있다고 본다. 퍼블릭 블록체인이라면 자신의 컴퓨팅 파워라는 비용과 노력을 들여 네트워크에 자발적으로 참여하도록 하기 위해서 암호화폐 발행이라는 당근책을 쓸 수밖에 없다는 것이다. 퍼블릭 블록체인을 기반으로 만들어진 첫 암호화폐인 비트코인의 창시자였던 사토시 나카모토 역시 이를 고민했고, 그 해법으로 경제적 보상을 찾아냈다고 할 수 있겠다. 네트워크 참여자들 가운데 일부가 복잡한 수학 연산문제를 풀어 새로운 블록을 생성하면 그 보상으로 비트코인을 지급하도록 했고, 이러한 과정이 채굴(Mining)이라는 것은 다 아는 사실이다. 사토시의 전략은 실제로 시장에서 통했다고 볼 수 있다.

반대로 프라이빗 블록체인은, 거래에 참여하고 이를 기록하고 열람하고 검증하는 주체가 실제 거래 당사자 또는 중앙 승인기관 정도이다 보니 암호화폐라는 참여 유인책(인센티브)을 마련할 필요가 없겠지만, 이는 블록체인이 궁극적으로 꿈꾸는 탈중앙화의 목표에 부합하지 않는다는 것이다. 또한 개별적인 프라이빗 블록체인들을 하나의 퍼블릭 블록체인으로 묶을 필요성도 차츰 커지고 있는데, 이럴 경우 해당 생태계 내에서 통용 가능한 암호화폐는 반드시 필요하게 될 것이다. 아울러 블록체인 기술을 개발하고 하나의 창업 생태계를 이루기 위해서라도 암호화폐를 합법화할 필요도 있다. 즉, 암호화폐 발행을 통해 블록체인 프로젝트 개발자금을 조달하는 암호화폐공개(ICO: Initial Coin Offering)가 가능하도록 하는 것이다. 아무리 프로젝트 아이디어가 뛰어나도 벤처캐피털로부터 투자를 받거나 은행에서 대출을 받기 위해서는 까다로운 절차와 오랜 시간을 감내해야 한다. 하지만 그렇다 해도 과거 사업 실적이 없는 스타트업 기업에 비교적 큰 규모의 초기 투자금을 대주는 금융회사는 거의 없다고 할 수 있다. 코인 이코노미가 필요하지도 않은 일부 프로젝트의 ICO가 문제가 되고 있는 건 사실이지만, 대부분의 블록체인 스타트업이 ICO를 실시하는 건 이 같은 장점 때문이라고 할 수 있다. 물론 독자 블록체인 플랫폼을 만들지 않고 스팀이나 이더리움과 같은 기존 플랫폼을 활용해 그 위에서 돌아가는 디앱(DApp: Decentralized Application)을 만든다면 굳이 ICO가 필요 없을 수도 있겠지만, 애초부터 ICO를 불법으로 규정해 버린다면 이런 플랫폼이 등장할 수 있는 가능성 마저 차단해 버리는 처사라고 할 수 있다. 하여튼 블록체인 기술은 더 발전시키고 활성화해야 한다는 목소리가 커지고 있는 것이 사실이다.

04 암호화폐 채굴 방식

작업증명(POW: Proof Of Work)

모든 참여자가 블록을 나눠 가진 후 블록 내에 들어 있는 암호를 풀면(채굴하면) 암호화폐로 일정한 보상을 주는 방식으로, 암호를 많이 해독할수록 많은 암호화폐를 얻을 수 있다. 즉, 이 과정은 참여자들이 블록에 담긴 암호를 해독하고 검증해 새로운 블록을 인정받게 하는 절차이다. 암호를 너무 빨리 풀 경우 과도한 보상이 이뤄지기 때문에 참여자가 많아지면 암호의 연산 난이도가 높아진다. 비트코인을 비롯해 라이트코인, 이더리움 등이 이 방식을 채택해 적용하고 있다. 그러나 비트코인이 단순 거래가 아닌 투기의 대상으로 변질되면서 고성능의 장비를 통해 채굴하는 사례가 증가했다. 이로 인해 대형 채굴자들이 운영 권한을 독점할 수 있고 많은 전기가 소모된다는 비판이 나왔고, 더 안정적인 증명 방식의 필요성이 대두됐다. 그래서 POS, POI 등이 등장했다.

지분증명(POS: Proof of Shake)

POS나 POI는 시중의 암호화폐의 거래 빈도, 양 등을 고려해 암호를 풀지 않고 보상을 받을 수 있는 방식이다. 먼저 POS는 보유하고 있는 암호화폐 지분이 많을수록 많은 보상을 받는 방식이다. 즉, 채굴량에 보유 지분을 곱해 암호화폐를 지급 받는다. 피어코인(Peer Coin)에 처음 적용됐고 네오(NEO), 스트라티스(Stratis) 등도 이 방식을 활용한다.

중요도 증명(POI: Proof Of Importance)

POI는 암호화폐 네트워크에서 활동한 기여도가 클수록 많은 보상을 받을 수 있는 방식이다. POS처럼 지분이 높은 참여자에게 보상을 주는데, 그 밖에도 얼마나 많은 참여자와 거래를 했는지 등 활동량이 많을수록 큰 보상을 받게 된다. 이 방식은 넴(NEM) 등이 활용하고 있다.

비트코인(Bit Coin)은 최초로 사토시 나카모토라는 익명의 프로그래머가 시장에 발행할 수량을 제한한 상태에서 개발이 이뤄졌으며, 그 희소성을 부각시키면서 투자자들의 투기 심리를 이용해 가격의 변동성이 매우 심한 상품으로 변질됐다.

일반적으로 비트코인은 두 가지 방법으로 얻을 수 있다. 첫 번째 방법은 위에서 언급한 채굴이라는 방법이다. 두 번째 방법은 거래 시장에서 비트코인을 매수하는 것이다. 채굴된 비트코인이나 거래되는 비트코인은 같은 종류이다. 2018년 상반기에 비트코인은 급등, 급락을 보이면서 투자자들에게 천당과 지옥을 반복적으로 경험하게 하였다. 2020년 코로나로 인한 저금리, 풍부한 유동성에 증시는 물론 원자재 시장, 골동품, 그리고 비트코인까지 급등에 급등을 연출하였다. 분명 그 끝이 안 좋다는 것은 과거 반복된 학습을 통해 잘 알 건만, 그 급등에 추종하는 돈들이 넘쳐 난다는 것이 걱정이다. 현재의 비트코인은 미래에 대한 환상과 허구가 공존하는 가운데, 고위험 고수익(High Risk High Return) 투자 상품이 됐다. 투자자는 항상 '욕심내는 만큼 손실도 볼 수 있다.'라는 생각을 갖고 접근해야 한다. 나에게 손실은 없다는 생각을 갖고 있다면, 지금 당장 책을 덮고 본업에 충실하길 바란다.

한 걸음 더 다가가 보겠다. 비트코인이 진정 미래의 화폐가 될 것인가?

비트코인은 실물이 없다. 오로지 온라인(전자)상에만 존재하는 일종의 가상화폐로서, 2009년 초 나카모토 사토시라는 가명의 프로그래머가 개발했다. 나카모토 사토시는 정체가 아직 확실히 밝혀진 바 없는 수수께끼의 인물이다. 다만, 엄청나게 뛰어난 수학자, 암호 해독가, 그리고 프로그램 작성 능력을 겸비한 인물로 추측하는 정도이다. 일반적으로 시장에서 설명하고 있는 비트코인은 컴퓨터로 암호를 풀어냄으로써 생성할 수 있는데, 이러한 일련의 과정(시간과 노력)이 갈수록 증가하도록 설계되어 있다. 그래서 현재는 암호해독 전문 고성능 컴퓨터로 한두 달 정도의 시간과 노력을 투자해야 풀 수 있을 정도로 암호의 난이도가 높아졌다. 시스템 상 최대로 생산 가능한 비트코인의 수는 2,100만 개로 한정되어 있다고 한다. 그리고 현재 절반 정도가 생성된 상태라고 한다.

06 비트코인의 현황

가상화폐가 시장에 처음 등장했을 때만 해도 크게 주목을 받지 못했다. 그러다 미국의 금융위기가 발생하고, 금융시장의 취약성과 불안 요인이 대두되면서 부각되기 시작했다. 비트코인의 등장은 금융시장의 근간을 넘어 인류 문명의 상식과 가치관을 뒤흔드는 충격적인 사건이라고 평가되기도 한다. 가상화폐가 금융을 획기적으로 바꿀 것이라는 장밋빛 전망으로 하루가 다르게 그 가치가 폭등하자, 투기를 넘어 광풍으로까지 이어지면서 사회 문제로까지 이어지게 되었다. 그러다 보니 정부와 금융권에서는 가상화폐가 금융의 주류를 대체할 수 있을지를 놓고 치열하게 논쟁 중이며 그 논쟁은 아직도 진행 중이다. 내노라는 경제 석학과 금융인들이 상반된 의견을 제시하면서 그 끝을 알 수 없게 되었다. 결국 투자에 대한 책임은 본인 스스로 져야 한다. 한 예로, 일본 중앙은행 출신의 경제학자이자 일본 내 결제 시스템 분야의 1인자로 꼽히는 나카지마 마사시는 "비트코인은 끝났다."는 도발적인 주장을 내놓았다. 그가 비트코인의 미래를 어둡게 보는 이유는 무엇일까?

1) 보관과 유통 관리 시스템의 취약성을 들었다.
2) 상위 1% 미만의 사람이 90%의 비트코인을 보유하고 있는 점이다.
3) 비트코인을 지불 수단으로 사용하는 사람의 비트코인 보유량은 전체 비트코인의 2%밖에 되지 않아 교환 수단으로 부적합하다.
4) 가격 변동이 지나치게 심해서 지불 수단이나 가격의 척도로 삼기에 부적합하다.
5) 발행 상한선, 채굴에 대한 보상 반감, 분열 소동, 그리고 정부 규제 등으로 성장에 한계가 있다.

여기저기서 문제점이 드러나면서, 비트코인을 비롯한 다양한 가상화폐들이 심각한 가격 변동성을 보여 주고 있다. 일본의 거래 사이트인 마운트곡스가 파산을 하는가 하면, 2018년 5월 10일 우리나라 최대 가상화폐 거래 사이트인 업비트가 사기 혐의로 압수 수색을 받았으며, 같은 해 6월 19일 우리나라 최대 가상화폐 거래소인 빗썸이 350억 원 해킹을 당하면서 다시 한번 도마 위에 올랐었다. 우리나라의 불안정한 모습은 전 세계 암호화폐 시장에 충격을 주기도 했다. 암호화폐 조사 업체인 코인힐에 따르면, 2018년 상반기 전 세계 암호화폐 사이트는 총 77개로, 거의 절반에 가까운 31개 사이트가 아시아 지역에 몰려 있다고 한다. 특히 중국이 암호화폐 거래 사이트를 폐쇄하면서 한국은 일본과 함께 아시아에서 가장 많은 거래가 이뤄지고 있다. 한국은 전 세계 비트코인 거래량의 거의 9% 정도 차지할 정도로 많은 거래가 이뤄지고 있기에 시장에서 영향력이 있다.

07 비트코인의 미래는?

비트코인은 많은 우여곡절 끝에, 2017년 말 비트코인 가격이 정점을 찍고 하향 추세를 보이다, 2020년 코로나로 저금리, 풍부한 유동성에 다시 한번 급등세를 연출하였다. 물론 2017년 뒤늦게 참여한 투자자들은 고점 이후 급락을 보이자 망연자실한 분위기가 여기저기서 나타났으며, 당시 사회의 문제로까지 이슈화되기도 했다. 우리나라의 국민성과 어느 정도 일치하는 불나방성 투기 성향이 화를 자초했다고 보고 있다. 여기저기서 가상화폐로 몇십 배의 수익을 거뒀다는 소문을 듣고 묻지마 식 투자가 고점에 매수한 불행으로 귀결되고 있다는 것이 아픈 현실이었다. 그런데도 앞으로 다시 크게 오를 것이라고 전망하는 사람들이 있었고, 그들의 예상은 2020년에 결실을 보았다. 물론 그 당시 물린 투자자 중 지금까지 보유해서 수익으로 연결된 투자자가 과연 얼마나 될까? 분명한 것은 지금의 결과가 미래에 어떤 결과를 줄지 알 수 있는 사람은 없다는 것이다.

일각에서는, 비트코인을 이용하면 금융 업체를 거치지 않고 개인 간에 즉각적인 거래가 가능하고, 송금 및 환전 수수료가 거의 들지 않기 때문에 기존 금융 업계에 큰 영향을 미칠 것이라고 홍보한다. 그러나 우리가 여기서 꼭 짚고 넘어 가야 할 부분이 있다. 그건 바로 통화가 정부의 힘(권력)

이라는 점이다. 통화를 위협하는 것은 정부의 권력에 대항하는 것이기에 현재의 국가 경제하에서는 용인할 수 없는 장벽이 있다. 그래서 미국 정부를 비롯한 많은 국가가 비트코인의 문제점을 부각하려 하고 있다. 즉, 비트코인은 은밀하게 도박, 마약, 포르노, 그리고 불법 총기거래 등을 통해 지하경제에 악용될 우려가 있다고 하면서 제재와 통제를 하고 있는 상황이다. 그러다 보니 아직까지는 어느 국가도 비트코인을 공식적 금융 거래수단으로 인정하지 않았지만, 개인 간의 거래마저 금지시킨 국가 또한 없다. 따라서 현재까지는 비트코인이 화폐경제에 결정적인 영향을 미칠지, 아니면 찻잔 속 태풍으로 끝날지는 어느 누구도 장담할 수 없다.

미국은 가장 적극적으로 가상자산을 규제하는 국가 중 하나이며, 그 발행과 관련하여서는 연방법이 적용되고 미국 증권거래위원회(SEC)가 관장한다. 발행되는 자산이 증권으로 제공 또는 거래되면 증권법으로 규제한다는 입장이다. 한편, 가상자산에 대해 대단히 우호적인 국가로는 스위스와 싱가폴이 있다. 페이스북의 리브라 어소시에이션을 비롯해 900여 개가 넘는 블록체인 혹은 암호화폐 관련단체들이 모두 스위스로 몰려드는 것도 이러한 우호적인 환경 때문이다. 스위스는 일반적으로 암호화폐의 개발과 유통을 규제하지 않지만, 미국과 마찬가지로 자산형 토큰이나 유틸리티 토큰 등의 경우 해당 자산이 증권에 해당하는지 별도로 판단하고 있다.

프랑스 역시 가상자산이 증권발행과 유통에 관한 기존 법령에 상충되지 않는 한 토큰의 발행과 유통은 가능하다는 입장이나, 2016년을 기점으로 블록체인과 암호화폐는 엄격히 분리하여 취급하고 있다.

일본은 암호화폐에 대한 규제 플랫폼을 구축한 최초의 국가에 속한다.

초기부터 중개소에 대한 등록과 함께 투자자들에 대한 보호와 자금 세탁 방지 대책을 수립해 왔고, 2018년 중개소 해킹으로 인해 6,000억 원이 도난 당하는 사건을 기점으로 본격적인 규제책을 만들기 시작했다. 일본은 실질적으로 화이트 리스트를 통해 매매 가능한 코인 종류를 통제해 오고 있으며, 리스트에 없는 코인을 거래하기 위해서는 금융청의 심사를 받아야 한다. 이 때문에 일본은 일찍부터 대시나 지캐시(제트캐시) 자금 세탁 기능이 강화된 코인을 시장에서 퇴출시켜 버렸다.

중국은 가상화폐인 '디지컬 위안화'에 법정 화폐 지위를 부여하는 내용의 법안을 마련하는 등 일부 지역에서 대규모로 실험하고 있다. 중국은 달러 패권에 도전하고 글로벌 결제 시스템에 영향력을 키우려고 디지컬 위안화 상용화에 박차를 가하고 있다. 이런 행보에 미국이 쳐다만 볼 것인가? 미국의 핵심 사안은 달러에 대한 도전은 절대 용서할 수 없다는 것이다. 지금까지 달러에 도전해서 온전한 나라는 없었다는 점을 알아야 한다.

08 대한민국 정부의 가상화폐 시각

한국은행 관계자는 "비트코인은 가치의 변동 폭이 극심하고, 보안 문제도 완벽하게 해결되지 않는 등 취약한 면이 많다."고 강조하면서 "정부는 비트코인이 기존 통화를 대체하는 것은 최소한 가까운 미래에는 어렵다."라고 말했다. 따라서 "통화로 인정할 수 없다."라고 인정한 셈이다. 세계의 많은 금융학자와 정책 관료들도 '신뢰성'에 의문을 꾸준히 제기해 왔으며, 금융 안정성을 해칠 수 있다는 주장이 끊임없이 제기되고 있는 것이 현실이다. 그러나 비트코인에 대한 시장의 수요와 환상은 줄지 않고 있다.

아직까지 비트코인의 미래에 대한 확실한 전망은 없으며, 화폐로서의 신뢰성과 안정성 결여로 인해 제대로 된 화폐의 기능을 수행하지 못 할 것이라는 의견과 투기적 수요가 사라지고 가격이 안정되면 새로운 효율적인 거래 수단으로 활용될 수 있다는 의견이 팽팽히 맞서고 있다. 다시 말해서 어느 누구도 정답을 말할 수 없으며, 그 결과는 미래에 보여질 것이다. 역사란 현재가 진행되고, 현재가 발전해서 미래가 나타나는 것이다. 과거부터 현재까지 화폐는 존재해 왔으며, 그 형태와 방법은 변화하고 진화해 왔다. 그렇다면 가상화폐도 그 과정의 일환일까? 그 정답은 미래의 우리 후손이 알 것이다.

우리나라는 새로운 법 제정 대신 기존 법령을 개정한 대표적 나라 중 하나이다. 자금세탁방지를 위해 기존 법령인 "특정금융거래 정보의 보고 및 이용에 관한 법률(이하 특정금융정보법)"을 개정하여 가상자산이라는 용어를 새로이 제정하여 2021년 3월 25일부터 시행하고 있다. 개정된 특정 금융 정보법 상의 가상자산은 다음과 같이 정의된다.

"가상자산이란 경제적 가치를 지닌 것으로서, 전자적으로 거래 또는 이전될 수 있는 전자증표(그에 관한 일체의 권리를 포함한다)를 말한다. 다만, 다음 각 목에 해당하는 것은 제외한다."

추가로 적시한 6개의 목은 게임 아이템, 선불카드, 전자카드 등이 있다. 그러나 현 법령은 가상자산의 범위를 너무 포괄적으로 적시하고 있어서 암호화폐를 명확히 타겟화하는 맞춤형 규제에 한계가 있다. 이제 추가적인 시행령을 통해 보다 구체적인 정의와 함께 가상자산을 취급하는 업자들에 대한 자금세탁 방지를 위한 다양한 의무가 생길 것으로 보인다.

현재 우리나라는 ICO를 금지한 것이 아니라, 이를 금지한 것과 동일한 효력을 가지도록 감독하고 있다. 대부분의 ICO는 미래의 수익을 약속하는 듯한 유사수신행위에 해당하므로 기존의 법령으로도 효과적으로 규제하고 있는 것이다.

가상자산에 대한 각 국의 법 규정 제정 방향을 살펴보면, 큰 맥락에서의 공통점은 사적자치는 어느 정도 보장해 주되, 자금세탁과 관련된 부분은 철저히 규제한다는 것을 알 수 있다.

02) 암호화폐 관련 용어

1) 암호화폐거래소

암호화폐를 직접 사고파는 일을 돕기 위해 코인을 가진 사람과 그걸 사고자 하는 사람을 기능적으로 연결시켜 주는 역할을 하는 주체를 가리킨다. 개인 간 거래와 거래소의 중간 형태인 장외거래(OTC: Over The Counter market) 플랫폼도 존재하지만 국내의 경우 대부분 거래소에서 거래된다.

우선 암호화폐를 거래하기 위해서는 거래소 홈페이지에 들어가 회원 가입을 한 뒤, 실명 확인한 계좌로 자금을 이체한다. 그리고 거래소가 지급하는 개인 지갑에 실물화폐(원화)를 보내고, 이를 통해 원하는 코인을 사고팔면 된다.

2) 암호화폐공개(ICO: Initial Coin Offering)

기업들이 발행 목적, 규모, 운용 계획 등을 포함한 백서(White Paper)를 공개하고 신규 암호화폐를 발행해 투자자들로부터 사업 자금을 모집하는 방식을 의미한다. 발행사가 백서를 홈페이지에 게재하면 투자자들은 이 백서를 보고 수익성을 판단해 투자를 결정하게 된다. 투자자가 발행사의 계좌에 비트코인 등 암호화폐를 송금하면 발행사는 자체 암호화폐를 투자자가 송금한 암호화폐와 일정 비율로 교환해 준다. 그리고 투자자들은 발행사의 자체 암호화폐를 거래소에서 되팔아 현금화할 수 있다.

한편, ICO는 얼리백커(Early Backer), 프리세일(Pre-sale), 메인세일(Main-sale) 과정을 거친다. 얼리백커는 경영진이나 일정 규모 이상의 자본금을 가진 사람들이 제한적으로 참여하는 단계이며, 프리세일부터는 일반인의 참여가 가능한 단계다.

3) 백서(White Paper)

암호화폐 발생사가 코인이나 토큰 발행 전 콘셉트와 기술 등 코인의 모든 것에 대해 서술해 놓은 일종의 '사업계획서'를 말한다. 백서에는 사업화할 블록체인 기술, 암호화폐 조달에 관련된 구체적인 내용을 명시하는데, 이것은 기업공개(IPO: Initial Public Offering) 과정에서 발행하는 증권신고서와 유사하다. 발행사가 백서를 홈페이지에 게재하면 투자자들은 이 백서를 보고 수익성을 판단해 투자를 결정한다.

4) 탈중앙화된 자율조직(DAO: Decentralized Autonomous Organization)

기본적인 인공지능 기술을 통해 사람의 개입 없이 정해진 규칙에 따라 자동으로 운영되는 회사의 형태를 말한다.

5) 다이코(DAICO)

탈중앙화된 자율조직(DAO)과 암호화폐공개(ICO)를 합친 말로, 이더리움의 창시자인 비탈릭 부테린이 2018년 초에 공개한 ICO 방식이다. ICO가 모금된 투자 자금이 프로젝트 팀으로 바로 가는 반면, 다이코(DAICO)는 스마트 계약을 통해 자금을 통제할 수 있다는 차이가 있다. 즉, 투자자들이 모금한 투자금을 어떻게 분배할지 직접 투표를 통해 정할 수 있는 방식이다.

6) 에어드롭(Airdrop)과 스냅샷(Snapshot)

에어드롭은 '공중에서 투하한다'는 뜻으로, 가상화폐 시장에서는 특정 가상화폐를 보유한 사람에게 투자 비율에 따라 신규 코인이나 코인을 무상으로 지급하는 것을 말한다. 주식시장에서의 배당락이나 무상증자 등과 비슷한 개념이라고 할 수 있다. 보통 신규코인을 상장시키거나, 하드포크가 생성될 때 이벤트나 마케팅의 한 요소로 사용하는 경우가 많다.

한편, 특정 코인을 에어드롭할 경우 스냅샷이라는 과정을 거치게 되는데, 이는 에어드롭 시 지급될 수량을 계산하기 위해 특정 시점에 보유하고 있던 암호화폐의 잔고를 기록하는 것이다. 예컨대 스냅샷 일정이 1일이라고 가정할 때, 해당 코인의 거래는 1일부터 정지된다. 그리고 이 날 이 코인을 보유한 투자자들을 기준으로, 2일 이후 정해진 비율에 따라 코인이 분배된다.

7) 퍼블릭(Public) 블록체인과 프라이빗(Private) 블록체인

퍼블릭 블록체인은 불특정 다수가 네트워크에 참여하는 것으로, 거래를 하는 모든 사람이 기록을 가지고 있어 신뢰도가 높다는 장점이 있지만 최초 규칙을 바꾸기 어렵고 속도가 느리다는 단점이 있다. 반면 프라이빗 블록체인은 참여자가 제한된 블록체인으로, 퍼블릭 블록체인에 비해 시간이 빠르고 효율도 높다는 장점이 있다. 한편, 퍼블릭 블록체인과 프라이빗 블록체인 사이에는 컨소시엄(Consortium) 블록체인이 있는데, 이는 여러 기관이 그룹을 이루어 참여하는 것을 말한다.

8) 전자지갑

암호화폐는 기본적으로 지갑을 제공하는데, 이는 개인이 가상화폐를 관리하게 도와주는 프로그램이다. 예컨대, 비트코인 지갑을 만들게 되면, 비트코인 거래에 필수적인 개인키와 공개키, 비트코인 주소가 자동으로 생성된다.

9) 개인키(Private Key)와 공개키(Public Key)

암호화폐 거래를 위해서는 공개된 가상계좌 역할을 하는 비트코인 주소인 공개키와 이 계좌를 열 수 있는 본인만 아는 비밀번호인 개인키가 부여된다. 개인키는 사용자만 아는 '암호'이며, 공개키는 계좌번호를 안다면 확인할 수 있다. 즉, 개인키를 통해 거래를 활성화하고, 그 거래가 참인지 거짓인지 여부를 공개키로 확인한다.

10) 블록탐색기

거래 내역, 주소, 특정 블록에 대한 정보 등을 보여 주는 탐색기로, 각각의 블록체인에 따른 블록탐색기가 있다.

11) 이중지불문제(Double-spending Problem)

온라인상에서 데이터가 너무 쉽게 복제되고 공유됨에 따라 데이터의 원본이 무엇인지 알 수 없어 생기는 문제로, 이미 사용한 비트코인을 이중으로 쓰는 경우가 대표적인 이중지불문제에 해당된다.

기존 금융거래에서는 이중지불문제를 예방하기 위해 금융기관과 같은 감시 역할의 제삼자의 존재가 필수적이었다. 반면 비트코인과 블록체인의 핵심은 감시자 역할을 하는 제삼자의 존재를 암호학적 증명(Cryptographic Proof)으로 대신하여 중앙 운영자가 없는 디지털 분산거래 시스템을 구축하는 것이다. 공개된 거래 장부의 집합인 블록체인을 통해 모든 참여자가 모든 금융 정보의 원본 데이터를 보유·확인·관리하는 것이 가능해졌고, 모두가 원본 데이터를 가지고 있는 상황에서 하나의 거래가 이루어지면 그 거래 내역은 모두에게 동기화되어 검증되는 방식으로 이중지불문제가 해결되었다.

12) 51% 공격(51% Attack)

다수결을 통해 합의를 도출하는 블록체인의 구조적 약점으로 제기되고 있는 문제로, 작업증명(PoW: Proof of Work) 방식의 암호화폐에서 코인을 채굴할 때, 특정 채굴 노드가 전체 네트워크에서 절반 이상의 해시파워(Hash Power)를 갖고 있는 경우 이중지불과 같은 잘못된 거래 내역을 옳다고 판정하여 장부를 조작할 수 있는 문제이다. 그러나 절반 이상의 해시파워를 가진 컴퓨터를 운용하는 데는 천문학적인 금액이 들고, 블록체인의 데이터는 모두가 열람할 수 있기 때문에 이러한 공격이 진행되었다는 사실을 모두가 알 수 있다. 따라서 사용자들이 이탈해 코인의 가치가 떨어질 수 있어 51% 공격은 이득보다 손해를 입기가 쉬워 이론상에 그치는 경우가 많다.

13) 상호운용성(Interoperability)

한 시스템이 동일 시스템 또는 다른 시스템과 상호 원활한 통신·호환이 가능한 성질을 말한다. 하나의 블록체인과 다른 블록체인 간의 연결성, 하나의 코인과 다른 코인과의 교환성, 암호화폐와 은행권과의 호환성 등이 블록체인의 상호운용성에 속한다. 이더리움의 스마트 계약 기능을 활용한 ERC-20(Ethereum Request for Comments 20) 기반 토큰들이 이더리움 시스템과의 연동을 위해 ERC라는 표준 기반을 따르는 것도 상호운용성의 한 예시이다.

14) 아토믹 스왑(Atomic Swap)

각기 다른 코인을 서로 교환하는 것으로, 아토믹 크로스-체인 트레이딩(Atomic Cross-chain Trading)의 준말이다. 코인 스왑(Coin Swap)이라고도 한다. 각기 다른 블록체인을 기반으로 한 코인들 간의 교환이나, 다른 블록체인을 기반으로 한 토큰을 자신들만의 블록체인을 기반으로 한 코인으로 교환하는 것을 가리킨다. 서로 다른 블록체인 기반의 코인을 교환하기 위해서는 거래소를 이용해야 하는데, 시간과 비용을 줄이고 해킹 위험을 피하기 위해 거래소를 거치지 않고 교환하고자 할 때 아토믹 스왑이 사용된다.

아토믹 스왑은 오프체인(Off Chain, 서로 다른 블록체인 사이에서 거래가 일어날 때 블록체인 밖의 장부에 거래를 기록하는 것) 솔루션인 라이트닝 네트워크를 이용해 다중서명 주소 기능과 해시 타임 락 계약(HTLC: Hash Time Locked Contract) 기술을 사용한다. 해시 타임 락 계약에는 두 가지 조건이 사용되는데, 먼저 타임 락(Time Lock)은 거래가 실패할 때 일정 시간 후에 자금이 반환되도록 하는 조건이다. 해시 락(Hash Lock)은 해시 값이라는 일종의 비밀번호인 고유번호를 알아야만 상대로부터 코인을 받았을 때 찾을 수 있는 방식이다. 두 가지 조건을 통해 돈을 잃을 위험 없이 당사자 간 코인 거래를 할 수 있다.

14) 사이드체인(Side Chain)과 인터체인(Inter Chain)

사이드체인(Side Chain)은 기존에 있던 블록체인에서 새로운 그룹을 형성해 새로운 서비스를 제공하는 체인이다. 기존 블록체인에서 확장된 형태의 체인이나, 기존 체인과 데이터 원장을 서로 공유한다. 이러한 특징을 바탕으로, 사이드체인은 기존 체인에 존재하는 수많은 참여자가 새로운 서비스에서도 그대로 존재하기 때문에 거래 정보의 조작 위험을 피할 수 있다.

인터체인(Inter Chain)은 서로 다른 블록체인을 연결하기 위해 만들어진 블록체인을 뜻한다. 이더리움 블록체인 기반 애플리케이션을 구매할 때 비트코인으로 결제할 수 없는 한계를 인터체인으로 해결하는 것이 그 예시로, 이를 통해 블록체인의 상호 운용성을 향상시킬 수 있다.

15) 스테이블코인(Stable Coin)

비변동성 암호화폐를 뜻하는 말로, 법정 화폐 혹은 실물 자산을 기준으로 가격이 연동되는 암호화폐를 뜻한다. 기존 암호화폐는 특유의 가격 변동성 때문에 통화로서 사용되기에는 안정성이 떨어지는 특징이 있다. 스테이블코인은 이러한 가격변동성을 줄이고, 법정 화폐와 마찬가지로 가치의 척도가 되는 동시에 가치의 저장 기능을 가지고 있다. 1코인이 1달러의 가치를 갖는 테더(USDT) 코인이 대표적인 스테이블코인이다.

16) 유사수신행위

금융관계법령에 의한 인가·허가를 받거나 등록·신고 등을 하지 않고 불특정다수로부터 자금을 조달하는 행위를 뜻한다. 즉, 제도권 금융기관이 아니면서 고수익을 제시해 불특정 다수로부터 투자 명목으로 투자금을 끌어모으는 행위다. 증권거래소의 기준을 충족한 기업만 거래가 가능한 IPO(Initial Public Offering, 기업공개)와 달리, 별다른 규제가 없는 상황에서 사업계획만으로 투자금을 유치하는 ICO(Initial Coin Offering, 암호화폐공개)가 유사수신행위에 해당된다는 우려가 있다.

17) 선불전자지급수단과 전자화폐

선불전자지급수단과 전자화폐는 이전이 가능한 금전적 가치를 전자적 방법으로 저장해 발행한 증표를 의미한다. 대표적인 선불전자지급수단에는 선불형 교통카드, 전자화폐에는 삼성페이 등의 네트워크형 전자화폐가 있다.

선불전자지급수단 요건

- 발행인 외의 제삼자로부터 재화 또는 용역을 구입하고 그 대가를 지급하는 데 사용될 것
- 구입할 수 있는 재화 또는 용역의 범위가 2개 업종 이상일 것

전자화폐의 요건

- 발행인 외의 제삼자로부터 재화 또는 용역을 구입하고 그 대가를 지급하는 데 사용될 것
- 구입할 수 있는 재화 또는 용역의 범위가 5개 업종 이상일 것
- 현금과 동일한 가치로 교환될 것(환금성)
- 현금 또는 예금으로 교환이 보장될 것(환급성)

암호화폐(코인)가 여러 가맹점에서 실제 화폐처럼 사용이 가능하게 될 경우, 선불전자지급수단 혹은 전자화폐로 분류되어 관련 법령의 의무를 따라야 할 여지가 있다. 전자금융거래법 제28조에 따르면 전자화폐 발행에는 금융감독위원회의 허가가 필요하며, 선불전자지급수단 발행은 금감

위에 등록하는 것만으로 해당 업을 영위할 수 있다.

18) 유틸리티 토큰(Utility Token)과 시큐리티 토큰(Security Token)

ICO를 통해 발행되는 토큰은 크게 유틸리티 토큰(Utility Token)과 시큐리티 토큰(Security Token)으로 구분된다. 유틸리티 토큰은 화폐적 성격이 강한 토큰으로 서비스나 상품 가치에 대한 권리의 이전, 저장 수단으로 쓰인다. 시큐리티 토큰은 증권(Security)과 비슷하게 투자의 성격이 강한 토큰으로 지분에 대한 권리나 이익, 의결권 등이 추가된 형태이다.

19) 호위 테스트(Howey Test)

1946년 미국 증권거래위원회(SEC)와 호위(Howey) 간에 일어난 소송에서 미연방대법원이 판결에 이용한 기준이다. 증권 여부를 결정하는 기본적인 기준으로 일반 기업의 자금조달을 위한 투자 계약이며, 제3자의 관리 행위에 따라 미래 수익을 기대하고 있는지가 주된 기준이다.

SEC는 암호화폐 상품에 대해 호위 테스트를 적용해, 증권 기준에 합치되면 디지털 자산의 발행과 판매를 연방증권법에 따라 규제하겠다는 방안을 내놓았다. 앞서 SEC는 2017년 7월, 이더리움 기반 DAO 토큰을 증권으로 인정한 바 있다. DAO 토큰 보유자들은 투자 보상으로 프로젝트 이익을 배당받을 수 있고, DAO 토큰을 재판매해 투자금을 현금화할 수 있었기 때문이다.

20) 자금세탁방지(AML: Anti-Money Laundering)

국내외에서 이루어지는 불법자금 세탁을 예방하고 적발하기 위한 법적·제도적 장치로, 사법제도·금융제도·국제협력을 연계하는 종합 관리시스템을 말한다. 불법재산의 은닉을 범죄화하고, 금융회사의 고객확인과 의심거래보고 등을 통해 불법재산의 유통을 막기 위해 시행된다.

금감원은 금융위와 협력해 2018년 1월 '암호화폐 자금세탁방지 가이드라인'을 내놓고 암호화폐 거래소를 규제하고 있다.

가이드라인

- 본인 확인된 이용자의 은행계좌와 취급 업소의 동일 은행계좌 사이에서만 입출금을 허용하는 규정
- 거래소 고유 재산과 이용자의 예탁금을 분리해서 관리해야 하는 규정
- 거래소가 암호화폐가 법정 화폐가 아니라는 사실을 설명해야 하는 규정

거래소의 암호화폐 관련 정부정책의 준수 등의 의무를 거래소에 부과했다. 그러나 이 가이드라인은 법령이 아닌 행정지도 형태이기 때문에 법적인 효력은 없다.

21) 고객알기제도(KYC: Know Your Customer)

금융기관의 서비스가 자금세탁 등 불법행위에 이용되지 않도록 고객의 신원, 실제 당사자 여부 및 거래 목적 등을 금융기관이 확인함으로써 고

객에 대해 적절한 주의를 기울이는 제도이다. 전 세계 금융회사가 적용받는 글로벌 규제인 KYC는 암호화폐 시장에도 점차 도입되고 있다. 최근 KYC는 블록체인 기술과 결합되는 추세를 보이고 있는데, 개인 신원을 블록체인에 저장하고 관리하는 방식으로 디지털 ID를 암호화해 이를 생성한 은행, 정부 등의 기관으로 연결하여 요청자의 신원을 검증한다.

주식투자를 할 때 수익을 챙기는 것도 중요하지만, 더 중요한 것은 매도 (손절)이다. 예를 들면, 매수하고자 하는 종목에 대한 많은 준비와 고민을 하고 선택한 종목이 매수하자마자 하락하면 당황할 것이다. 그런데 대부분의 개인 투자자들이 실수하는 것이 눈앞의 작은 손실이 아까워 매도 (손절)를 안 한다. 그러다가 장기 보유를 하면서 깊은 수렁으로 빠지는 경우가 비일비재하다.

신중하게 매수한 종목이라도 업황이 하향 곡선을 그리거나, 실적 악화로 차트의 추세가 깨지고 주가가 떨어지는 것이 눈에 보일 때는 눈물을 머금고 매도해야 한다. 그래야 앞으로 다가올 더 큰 손실에서 자유로울 수 있다. 즉, 눈앞의 손실이 아까워 매도를 못 하면, 오히려 긴 시간 동안 손실이 눈덩이처럼 늘어날 수 있다는 점을 명심해야 한다. 그리고 주식시장이 상승세가 한풀 꺾이면서 하락할 때는, 더욱더 보유 종목에 대한 위험 관리를 철저히 해야 한다.

개인 투자자들은 투자금 전액을 종목으로 메우려 한다. 물론 종목을 매수해야 수익이든 손실이든 가능하기에, 개인 투자자들은 무조건 종목을 매수하려 한다. 그러나 하락장에서는 매수해서 수익 내는 것이 어렵기 때문에, 종목을 매수할 때는 더욱더 신중해야 하며, 이런 시장 상황에서는 현금이라는 종목 비중을 확대하는 것도 좋은 전략이다.

주식시장은 언제나 돌발 변수가 발생한다. 수익이었던 계좌가 한순간에 손실로 변하는 경우가 비일비재하다. 그래서 주식은 언제나 위험 관리를 하면서 매매해야 한다. 2021년과 이후 증시도 쉽지 않은 장세가 이어질 것이다. 증시가 불안한 모습을 보일 때는 현금이라는 종목 비중을 늘려야 한다. 투자 자금 전액을 종목으로 포트를 꾸린 투자자와 현금이라는 종목에 비중을 30% 이상 담은 투자자의 성공 투자 확률은 확연하게 다르다. 특히 변동성을 보이면서 횡보장 또는 하락장에서는 현금을 보유한 투자자의 심리적 여유는 물론, 수익을 낼 수 있는 가능성 또한 훨씬 더 높다.

"임진왜란"

"칠천량 해전"

원균의 조선 함대가 전멸하고, 그 광경을 지켜본 배설 장군은 12척의 배를 가지고 후퇴한다. 배설 장군은 12척의 배를 숨겨놓고, 아무에게도 이야기하지 않았다. 후에 이순신 장군이 삼군수통제사로 복귀하면서 12척의 배를 찾게 되고, 12척의 배로 왜군과 싸움을 준비한다. 그리고 "기적의 배 12척"으로 명량해전에서 왜선 330척을 막아내고 조선 수군이 살아 있음을 과시했다.

여기서 우리는 시각(긍정과 부정)의 차이가 얼마나 중요한지 다시 한번 생각하게 된다. 주식시장도 마찬가지다. 투자자의 마음가짐은 주식투자의 성패에 있어서 매우 중요하다. 배설이라는 장군은 12척의 배로 패배만을 생각하고 퇴각하였다면, 이순신 장군은 12척의 배로 승리를 할 수 있다는 마인드 컨트롤을 하면서, 결국에 승리하였다.

주식도 긍정의 생각(믿음)이 중요하다. 믿음은 곧 준비이다. 준비는 종목을 분석하고, 시장과 경제를 이해하고, 종목을 매수해야 한다. 이런 일련의 과정(노력)이 없이 주식시장에 뛰어들게 되면 실수할 수 있다는 점을 명심해야 한다. 그래서 지금 이 순간에도 필자의 책을 읽고 있지 않나 생각한다. 시작이 반이라고 했다. 이 책은 여러분들의 현재 선택과 노력이 좋은 결실로 이루어질 수 있도록 최선을 다 해 집필한 책이라고 자신한다.

　꼭! 성공 투자 하시길….

● 단타매매

초 단위로 매매하는 스캘핑, 일일 단위로 매매하는 데이 트레이딩, 그리고 일주일 정도의 기간을 두고 매매하는 단기매매 등을 지칭한다. 간단히 이야기하면, 짧은 시간(기간) 안에 주식을 매매하는 것을 의미한다.

● 스윙매매

단타와 중기투자의 중간쯤 정도의 기간을 보유하는 매매로서, 보통 단기 추세를 보고 기간 투자하는 방식이다. 전업투자자는 물론 직장인들에게 권할 수 있는 매매 방식으로, 짧게는 1~2주, 보통은 1~2개월, 경우에 따라서는 5~6개월 보유하는 매매 방법이다.

● 골디락스(Goldilocks)

골디락스는 영국 전래동화에서 유래한 용어로, 증시에서는 경기가 과열되지 않은 가운데 기업 이익이 호조를 나타내며 주가수익비율(PER)이 재평가받는 상승 장세를 뜻한다.

● 모라토리움(Moratorium)

특정 형태 또는 모든 형태의 채무에 대해 일정 기간 동안 상환을 연기시키는 정부의 조치를 말한다. 이는 경제환경이 극도로 불리할 때 채무자를 보호함으로써 전반적 파산이나 신용의 파기를 방지하기 위해 취해지는 비정상적인 조치로서, 한 국가 및 국제기관으로부터의 차관에 대해 그 상환기간을 연장시키기 위해 교섭하는 것을 모라토리움 교섭이라고 하며, 채무지불유예라고도 한다. 대개 디폴트가 예상되면 모라토리움을 선언하게 되고 빚을 탕감받거나 만기를 연장하는 등 채무조정(Rescheduling)을 하게 된다.

● 차명계좌

다른 사람의 이름으로 만든 은행계좌를 차명계좌라고 하며, 차명계좌에는 주로 기업의 비자금이나 지하경제의 검은 돈, 사채업자의 돈 등 떳떳하지 못한 돈이 들어오고 나간다. 예전에는 금융기관이 실적을 올리기 위해 직접 나서서 적극적으로 알선하기도 하였다. 그러나 1993년 금융실명제 실시 이후, 차명계좌를 만드는 것은 불법으로 정해졌다.

● 전환청구권(Conversion Rights)

증권의 소유자가 그 발행조건에 따라 일정 기간 내에 그 소유증권을 타증권으로 전환을 청구할 수 있는 권리를 말한다. 이 권리는 전환주식이나 전환사채를 발행하는 경우, 그 유가증권에 부여된 것으로서 권리행사 여부는 자유의사로 결정된다.

● 대차거래

신용거래의 결제에 필요한 자금이나 유가증권을 증권금융회사와 증권회사 사이에 대차하는 거래를 말한다. 대차거래에 있어서의 적격 종목을 대차종목이라고 하며, 종목별 융자 또는 대주를 실시할 때 적용되는 주당 가격을 대차가격이라고 한다

● IPO(Initial Public Offering)

주식공개상장이다. 기업이 최초로 외부투자자에게 주식을 공개 매도하는 것으로 보통 코스닥이나 나스닥 등 주식시장에 처음 상장하는 것을 말한다. 최근 벤처기업의 주식공개가 늘어나며 IPO가 투자회수 측면에서만 인식되는 경향이 있으나, 기업의 입장에서는 다르다. 기업은 영업에 의한 자금조달 시간이 오래 걸리는데, IPO를 통해 주식시장에서 기업의 사업성과 실적을 평가받아 지속적인 성장을 위한 자금을 단기에 마련하는 기회이기도 하다.

• 뇌동매매

투자자의 독자적이고 확실한 시세 예측에 의한 매매가 아닌 남을 따라 하는 매매를 말한다. 즉, 투자자 자신이 확실한 예측을 가지고 매매하는 것이 아니라, 시장 전체의 인기나 다른 투자자의 움직임에 편승하여 매매에 나서는 것이다. 뇌동매매는 간혹 주가를 급등 또는 급락시킴으로써 주식시장을 혼란에 빠뜨리기도 한다.

• 듀레이션(Duration)

채권의 이자율 위험을 나타내는 척도로서, 채권투자 시 각 시점에 있어 현가로 환산된 현금흐름의 총 현금흐름에 대한 비율을 가중치로 사용하여 채권의 현금흐름 시점에 곱하여 산출한 '현가로 환산된 가중평균만기'를 말한다. 즉, 이는 채권투자액의 현재가치 1원이 상환되는 데 소요되는 평균 기간을 의미한다.

• 배당률

1주당 액면 금액에 대해서 지급되는 배당금의 비율을 말한다. 배당에는 현금배당과 주식배당이 있는데, 현금배당을 일반적인 배당으로 간주하고 있으므로 배당률 역시 현금배당률을 뜻하는 경우가 많다. 배당률은 정기주주총회에서 결정되며 당기순이익이 많으면 배당률이 높고 당기순이익이 적으면 배당률이 낮아지는 것이 보통이지만, 회사의 대외적인 신용도 등을 고려하여 배당정책에 따라 적정선에서 조정되는 경우가 많다.

• 배당기산일

배당기산일이란 각 주식에 대하여 배당금이 계산되는 최초의 일자를 말한다. 구주의 경우에는 회계연도 개시일이 배당기산일이 되지만, 회계연도 중간에 발행되는 신주의 경우는 주금 납입일을 달리할 수 있다.

영업연도 중에 유상증자에 의한 신주를 발행하는 경우에는, 대개 영업연도 개시일로부터 배당기산일까지의 경과기간의 기대배당액이 주가에 반영되어 있으므로 주금납입일을 배당기산일로 하는 것이 원칙이나 정관이 정하는 바에 따라 직전 영업연도 말에 발행된 것으로 하여 신주의 배당기산일을 구주와 동일하게 취급할 수도 있다.

● 상장폐지

상장증권이 매매대상 유가증권의 적격성을 상실하고 상장 자격이 취소되는 것을 말한다. 상장유가증권 발행회사의 파산 등 경영상 중대 사태가 발생해 투자자에게 손실을 보게 하거나 증시 질서의 신뢰를 훼손하게 할 우려가 있는 경우 증권거래소는 증권관리위원회의 승인을 얻어 강제로 해당 증권을 상장폐지에 앞서 상장폐지 기준에 해당하는 종목에 대해서는 투자자 보호를 위해 상장폐지 사유가 해소되지 않는 한 일정 기간(상장폐지 유예기간) 뒤에 상장이 폐지된다는 사실을 공시하고 있다. 상장폐지 사유에는 사업보고서 미제출, 감사인의 의견 거절, 3년 이상 영업정지, 부도 발생, 주식 분산 미달, 자본잠식 3년 이상 등이 있다.

● 트리플위칭데이(세마녀의 날)

3개 파생상품 즉 선물, 주가지수 옵션, 개별주식 옵션 등의 만기일이 동시에 겹치는 날이다. 3, 6, 9, 12월의 두 번째 목요일에 발생한다. '세 마녀(witch)가 심술을 부리는 날'이라는 원뜻을 갖고 있다. 파생상품과 관련, 숨어있던 현물 주식 매매가 정리매물로 시장에 쏟아져 나오면서 주가 움직임의 예상이 힘들어진다.

● 불공정거래

정상적인 수요와 공급의 원리에 의해 가격이 형성되지 못하고 인위적으로 부당하고 불공정한 방법에 의하여 가격이 형성되는 것을 말한다.

증권시장에서도 시장의 특수성과 매매의 전문성으로 인해 비정상적인 방법에 의해 매매거래가 이루어질 가능성이 높아 다음과 같은 불공정거래는 금지되어 있다. ① 통정 매매 및 가장 매매, ② 표시에 의한 시세 조종, ③ 사기적 행위에 해당하는 거래, ④ 시세의 고정 또는 안정 행위 등 금지사항을 위반하는 경우 3년 이하의 징역 또는 2천만 원 이하의 벌금이 부과되며, 위의 사실에 의해 형성된 가격으로 증권시장에서 매매거래를 한 투자자의 손해에 대하여 위반자가 손해배상을 할 의무가 있다.

손해배상청구권은 청구권자가 그 사실을 안 때로부터 1년, 그 행위가 있었던 때로부터 2년간 행사되지 않으면 시효로 인하여 소멸한다.

● 주글라파동(Juglar's Waves)

8~10년을 주기로 한 경기순환으로 주로 기업의 설비투자의 변동으로 일어나는 중기파동을 일컫는다. 설비순환이라고도 하는 주글라 순환은 프랑스 경제학자 주글라가 영국, 프랑스, 미국의 주기적인 경기침체를 규명하기 위하여 1803년부터 1882년 사이의 가격, 이자율, 금평, 중앙은행잔고 등의 시계열자료를 분석한 결과 일정한 주기에 걸쳐 호황, 침체, 파산 등 3단계의 현상이 반복되는 것을 발견하였다. 이것이 주글라파로서 주순환(Major Cycles)라고도 한다.

● 키친파동(Kitchin Cycle)

J. 키친이 발견한 단기파동을 말하며, 1890~1922년 사이의 영국과 미국의 어음교환액·도매물가·이자율의 변동을 분석해 C. 주글라 및 N. D. 콘트라디에프의 파동 이외에 40개월을 주기로 하는 단기파동이 존재함을 알게 되었다. 1923년 같은 시기에 W. L. 크럼도 같은 주기의 단기파동을 발견하였으므로 키친-크럼의 파동이라고도 하나, 키친 쪽이 더 우수하다 하여 40개월 순환의 단기파동을 키친파동이라고 한다.

또한 10년을 주기로 하는 주글라의 파동을 주(主)순환이라 하는 데 비해 키친파동을 소(小)

순환이라 한다. 주순환이 설비투자의 변동을 중심으로 하고 있는 데 반하여, 소순환은 시장의 예상과 현실의 매출의 불일치에서 오는 재고투자의 순환적 변동에 의해서 발생하는 것으로 설명되고 있다.

• 도덕적 해이(Moral Hazard)

도덕적 해이는 이해당사자들이 상대를 배려하지 않고 책임을 다하지 않는 행태를 말한다. 원래 미국에서 보험가입자들의 비도덕적 행위를 지칭하는 용어로 사용되기 시작하였으며, 미국 보험업계는 가입자들이 보험약관을 악용하거나 사고방지에 무의식적으로 태만하여 보험사고의 발생빈도가 높아진 것을 발견한 데서 비롯되었다. 이후에는 주인(Principal)의 위임을 받은 대리인(Agent)이 주인이 갖지 못한 정보를 이용하여 개인적 이익을 취하고, 그 결과로 주인에게 재산상 손실을 입히는 현상을 지칭하게 되었다. 주주로부터 회사경영을 위임받은 경영자가 내부자거래를 하여 주주에게 손실을 끼치거나 국민으로부터 권한을 위임받은 관료나 국민의 이익을 대변하는 정치인들이 공익보다 사익을 추구하는 행위가 도덕적 해이에 해당되는 것이다.

• 골든크로스(Golden Cross)

주가나 거래량의 단기 이동평균선이 중장기 이동평균선을 아래에서 위로 돌파해 올라가는 것을 말한다. 골든크로스는 강력한 강세장으로 전환되는 신호로 해석을 한다. 일반적으로 '단기 골든크로스'는 5일 이동평균선이 20일 이동평균선을 상향 돌파하는 것을 말하며, '중기 골든크로스'는 20일선과 60일선을, '장기 골든크로스'는 60일선과 100일선을 비교한다.

• 데드크로스(Dead Cross)

주가나 거래량의 단기 이동평균선이 중장기 이동평균선을 위에서 아래로 하향 돌파하는 것을 말한다. 데드크로스는 골든크로스의 정반대 개념으로 약세장으로 전환되는 신호로 해석한다.

• 베어마켓 랠리(Bear Market Rally)

약세장 속에서의 일시적 반등장세를 말한다. 일반적으로 주식시장에서 상승장세는 '랠리'라고 하며, 약세장은 주식거래가 부진하다는 의미에서 곰(Bear)에 비유하여 베어마켓이라고 한다. 이에 따라 약세장에서 일어나는 일시적인 반등장세를 베어마켓 랠리라고 한다.

• 불 마켓(Bull Market)

증시에서 황소(Bull)는 주식을 사는 쪽 또는 상승장을 의미한다, 그래서 불 마켓이란 보통 장기간에 걸친 대세상승장을 의미한다.

• 포트폴리오(Portfolio)

주식투자에 있어서 위험(Risk)을 줄이고 투자 수익을 극대화하기 위한 일환으로 여러 종목에 분산 투자하는 방법을 의미한다.

• 채권(Bond)

채권은 정부, 공공단체와 주식회사 등이 일반인으로부터 비교적 거액의 자금을 일시에 조달하기 위하여 발행하는 차용증서(借用證書)이며, 그에 따른 채권(債權)을 표창하는 유가증권(有價證券)이다. 채권은 상환기한이 정해져 있는 기한부 증권이며, 이자가 확정되어 있는 확정이자부 증권이라는 성질을 가진다. 그리고 채권은 대체로 정부 등이 발행하므로 안전성이 높고, 이율에 따른 이자소득과 시세차익에 따른 자본소득을 얻는 수익성이 있으며, 현금화할 수 있는 유동성이 크다. 이러한 특성에 의하여 채권은 만기(滿期)와 수익률(收益率)에 따라 주요한 투자 자금의 운용 수단으로 이용되기도 한다. 채권은 대규모 자금조달 수단이라는 점에서 주식(株式)과 유사하기도 하다.

● 펀드(Fund)

주식이나 채권 파생상품 등 유가증권에 투자하기 위해 조성되는 투자 자금으로서, 일정 금액 규모의 자금 운용단위를 말한다. 유형별로 공사채형과 주식형으로 분류할 수 있다. 공사채형 펀드는 펀드에 투자할 때 투자 자금을 예치해 둘 수 있는 기간에 따라 초단기형·MMF형·단기형·중기형·장기형·2년 이상형·분리과세형 등으로 나눈다. 주식형 펀드의 경우에는 약관상의 주식편입 비율에 따라 안정형·안정성장형·성장형·자산배분형·파생상품형 등으로 구분한다.

● 사모펀드(Private Equity Fund)

소수의 투자자로부터 모은 자금을 주식이나 채권 등에 운용하는 펀드를 의미한다. 투자신탁업법에서는 100인 이하의 투자자, 증권투자회사법(뮤추얼펀드)에서는 49인 이하의 투자자를 대상으로 모집하는 펀드를 말한다. 사모펀드의 운용은 비공개로 투자자들을 모집하여 자산가치가 저평가된 기업에 자본참여를 하게 하여 기업의 가치를 높인 다음 기업주식을 되파는 전략을 취한다.

● 헤지펀드(Hedge Fund)

소수의 투자자로부터 자금을 모집하여 운영하는 일종의 사모펀드로, 시장 상황에 개의치 않고 절대수익을 추구한다. 즉, 시장 상황이 좋지 않을 때에도 수익을 추구하는 펀드라고 할 수 있다.

● 스태그플레이션(Stagflation)

경기 불황 속에서 물가상승이 동시에 발생하는 상태로, Stagnation(경기침체)과 Inflation (인플레이션)을 합성한 신조어이다. 그 정도가 심한 것을 슬럼프플레이션(Slumpflation)이라 고 한다.

● 애그플레이션(Agflation)

Agriculture(농업)와 Inflation(인플레이션)을 합성한 신조어이다. 이는 곡물가격이 상승하는 영향으로 일반 물가가 상승하는 현상을 지칭한다.

● 더블딥(Double Dip)

경기침체 후, 잠시 회복기를 보이다가 다시 침체에 빠지는 이중 침체현상을 의미한다. 일반적 으로 2분기 연속 마이너스 성장을 기록하는 경우에 경기침체라고 규정하는데, 더블딥은 이러 한 경기침체가 두 번 계속된다는 뜻이다.

● 모기지론(Mortgage Loan)

부동산을 담보로 주택저당증권(MBS: Mortgage Backed Securities)을 발행하여 장기주 택 자금을 대출해 주는 제도이다. 즉, 주택자금 수요자가 은행을 비롯한 금융기관에서 장기저 리자금을 빌리면 은행은 주택을 담보로 주택저당증권을 발행하여 이를 중개기관에 팔아 대 출자금을 회수하는 제도이다.

● 액면분할(Stock Split)

액면분할이란 납입자본금의 증감 없이 기존 발행주식을 일정 비율로 분할, 발행주식의 총수를 늘리는 것을 말한다. 예를 들어, 액면가액 5천 원짜리 1주를 둘로 나누어 2천5백 원짜리 2주로 만드는 경우를 말한다. 통상적으로 주가가 너무 올라 시장에서 거래 자체가 잘 이뤄지지 않는 등 유동성이 낮아질 경우 실시한다.

● 무상증자

증자란 주식을 발행해 회사의 자본금을 증가시키는 것으로, 회사 주식자본의 증가와 함께 실질적인 재산의 증가를 가져오는 유상증자와 주식자본은 증가하지만 실질 재산은 증가하지 아니하는 무상증자의 두 가지 형태가 있다. 무상증자는 자본준비금을 자본금으로 전입할 때 주주들에게 무상으로 신주를 발행하는 것으로, 무상증자는 자금조달을 목적으로 하지 않고 자본구성을 시정하거나 사내유보의 적정화 또는 기타의 목적을 위해 실시된다.

● 자전거래(Cross Trading)

증권회사가 같은 주식을 동일 가격으로 동일 수량의 매도 또는 매수 주문을 내어 매매거래를 체결하는 방법을 말한다. 즉, 대량으로 주식을 거래할 때 사용하는 방법으로 매매를 중개하는 증권회사가 같은 주식을 동일 가격으로 동일 수량의 매도·매수 주문을 내어 매매거래를 체결시키는 것으로 '자전매매'라고도 한다. 거래량 급변동으로 인해 주가에 영향을 끼칠 수 있기 때문에 증권거래소에 신고하도록 되어 있다.

● 가격제한폭

증권시장에 있어서 일시의 급격한 주가 변동으로 인한 시장 질서의 혼란을 막고 공정한 가격형성을 유도하기 위하여 당일 거래 중 움직일 수 있는 가격의 변동폭을 제한하는 것을 말한다. 주식의 경우 원칙적으로 전일 종가를 기준으로 하여, 주가가 당일 가격 제한폭의 상한선까지 오른 경우를 상한가라고 하고, 하한선까지 내린 경우를 하한가라고 한다. 과거에는 가격

단위별 가격 등락폭이 각기 다르게 규정하였던 것을 1995년부터는 일률적으로 6% 범위 내에서 상한가, 하한가를 결정하였다. 이후, 반복적으로 가격 제한폭을 높이면서 2015년 6월 15일을 기점으로 15%에서 30%까지 확대하게 되었다.

● 펀더멘털

한 나라의 경제가 얼마나 건강하고 튼튼한지를 나타내는 용어로, 한 나라의 경제 상태를 표현하는 데 있어 가장 기초적인 자료가 되는 주요 거시경제지표를 뜻한다. 경제성장률, 물가상승률, 경상수지가 가장 대표적인 거시경제지표이다. 그리고 주식시장에서 쓰이는 '펀더멘털'은 자체적으로 소유하고 있는 경제적 능력·가치, 잠재적 성장성 등의 의미를 갖는다고 보면 된다. 즉, 어느 특정 산업이나 기업의 매출, 순이익이 좋은지 나쁜지가 바로 그 산업이나 기업의 펀더멘털인 것이다.

● 양적완화

정책 금리가 '0'에 가까운 초저금리 상태에서 경기 부양을 위해 중앙은행이 시중에 돈을 푸는 정책으로 정부의 국채나 여타 다양한 금융자산의 매입을 통해 시장에 유동성을 공급하는 것이다. 이는 중앙은행이 기준 금리를 조절하여 간접적으로 유동성을 조절하던 기존 방식과 달리, 국채나 다른 자산을 사들이는 직접적인 방법으로 시장에 통화량 자체를 늘리는 통화정책이다. 자국의 통화가치를 하락시켜 수출경쟁력을 높이는 것이 주목적이다. 통화량이 증가하면 통화가치가 하락하고, 원자재 가격이 상승하여 물가는 상승한다. 한 나라의 양적 완화는 다른 나라 경제에도 영향을 미칠 수 있다. 예를 들면 미국에서 양적 완화가 시행되어 달러 통화량이 증가하면 달러 가치가 하락하여 미국 상품의 수출경쟁력은 강화되나, 원자재 가격이 상승하여 물가는 상승하며, 달러 가치와 반대로 원화 가치(평가 절상, 환율 하락)는 상승한다. 한편, 양적 완화 정책을 점진적으로 축소하는 것을 테이퍼링(Tapering)이라고 한다.

주식시장 짚어보기

세계 최초의 주식시장

- 1602년 설립된 네델란드 동인도회사의 주식이 거래되면서 시작되었다. 당시 주식거래는 투기성이 높고 회사 설립 이후 바로 매매가 이루어졌다.
- 1613년 세계 최초의 증권거래소인 암스테르담 거래소가 설립되었다.

영국 거래소의 기원

- 영국 왕립거래소(The Royal Exchange)를 설립하여 상품, 신용장, 그리고 증권 등의 거래를 중개하였다.
- 1802년, 증권거래소(The Stock Exchange)는 독립된 건물을 가진 '런던증권거래소'가 공식 발족하였다.

미국의 뉴욕증권거래소

- 1792년, 미국은 증권브로커들에 의해 경매 시장으로부터의 독립을 의미하는 협정이 만들어지면서 월가가 태동하였다.
- 1817년, 뉴욕증권거래소(New York Stock & Exchange Board)가 설립되었다.

우리나라의 주식시장

- 1956년 3월, 한국증권거래소 설립
- 2007년 1월, 한국증권선물거래소 설립
- 2009년 2월, 자본시장법 시행으로 한국거래소(KRX: Korea Exchange)로 명칭 변경

Kospi(거래소) 역사적 3000선 돌파

기간	지수	내용
1980년 1월 4일	100	코스피(유가증권시장) 첫 발표
1987년 8월 19일	500.73	3저 호황(저금리, 저유가, 저환율)
1989년 3월 31일	1003.31	코스피 첫 1000선 돌파
1998년 6월 16일	280	IMF, 11년 만에 280선으로 급락
2007년 7월 25일	2004.22	18년 3개월 만에 2000선 돌파
2020년 3월 19일	1457.64	코로나 확산, 경기침체 등으로 1400대로 하락
2021년 1월 6일	3000	41년 만에 3000시대 개막

휴장일

- 관공서의 공휴일에 관한 규정에 의한 공휴일
- 근로자의 날 제정에 관한 법률에 의한 근로자의 날(5월 1일)
- 토요일
- 12월 31일(공휴일 또는 토요일인 경우에는 직전의 매매 거래일)
- 기타 거래소가 필요하다고 인정하는 날

매매 거래 시간 및 호가 접수 시간

구분		매매 거래 시간	호가 접수 시간
정규시간		09:00 ~ 15:30(6시간 30분)	08:30 ~ 15:30(7시간)
시간 외 시장	장 개시 전	08:00 ~ 09:00(1시간)	08:00 ~ 09:00(1시간)
	장 종료 후	15:40 ~ 18:00(2시간 20분)	15:30 ~ 18:00(2시간 30분)

주) 단, 장 개시 전 종가 매매는 08:30~08:40(10분)

증권 종류별 매매 수량 단위

구분		매매 수량 단위	비고
주권		1주	2014년 6월 2일 개정
외국주식예탁증권(DR)		1증권	2014년 6월 2일 개정
상장지수집합투자기구 집합투자증권(ETF)		1주	2002년 9월 30일 도입
신주인수권증권		1증권	2009년 8월 3일 개정
신주인수권증서		1증서	2009년 8월 3일 개정
주식워런트증권(ELW)		10증권	2005년 8월 26일 도입
수익증권		1좌	2014년 6월 2일 개정
채권	일반채권	액면 10만 원	소액채권은 액면 1,000원으로 함
	외화표시채권	1만 포인트	–
	국채지표종목	액면 10억 원	국채딜러간 매매거래에 한함

신규 상장 요건(보통주권, 외국주권, 스팩)

규제 제목	신규 상장 요건(보통주권, 외국주권, 스팩)
규제 내용	보통주권/외국주권/스팩 신규상장 시 심사 요건 – 영업활동 기간(3년), 기업 규모(주식수 100만 주 이상, 자기자본 300억 원 이상), 분산 요건 (주식 수, 주주 수, 의무공모), 경영 성과(매출액 1,000억 원, 이익액 30 억 원 이상), 감사의견 적정, 재무제표 확정, 양도제한 無, 지배구조(지주 사, 스팩, 외국주권 대상), 건설업영위법인 추가요건(업력 10년, 시공능력 500억 원), 정관필수기재사항(외국주권, 스팩 대상), 질적심사
관련 규정	유가증권시장 상장규정 제29조, 제30조, 제53조, 제67조 코스닥시장 상 장규정 제4조, 제4조의2, 제6조, 제7조, 제7조의2, 제7조의3, 제12조 코 넥스시장 상장규정 제13조
규제 적용 대상	기업

관리 종목 지정

규제 제목	관리 종목 지정
규제 내용	상장폐지 사유에 해당될 우려(정기보고서 미제출, 감사의견 거절, 자본잠식, 파산 등)가 있는 종목에 대하여 관리종목지정
관련 규정	유가증권시장 상장규정 제47조, 제57조, 제64조, 제71조, 제129조, 제135조 코스닥시장 상장규정 제28조
규제 적용 대상	기업

상장폐지 사유(보통주권, 외국주권, 스팩)

규제 제목	상장폐지 사유(보통주권, 외국주권, 스팩)
규제 내용	보통주권/외국주권/스팩 상장폐지 사유 1. 형식적 폐지 사유(정기보고서 미제출, 감사인 의견 미달, 자본잠식, 주식분산 미달, 거래량 미달, 지배구조 미달, 매출액 미달, 주가미달, 시가총액 미달, 해산, 최종부도 또는 은행거래 정지, 지주회사 편입, 주식양도 제한, 우회상장기준 위반) 2. 실질심사 사유(회생절차 관련, 공시의무 위반, 상장서류 허위기재·누락, 유상증자, 분할 등이 상장폐지 회피, 횡령·배임, 회계기준 위반, 주된 영업 정지, 자본잠식 해소) 3. 외국법인 추가 사유(회계처리기준 변경제한 위반, 감사인 선임 의무 위반, DR 상장증권 수 10만 증권 미만, 해외증권시장에서 상장폐지) 4. 스팩 추가 사유(임원자격 미달, 자금예치·신탁의무 위반, 재무활동 제한 위반, 합병상장 미신청, 최소투자의무 위반, 다른 회사 주식소유 등, 부적격 합병등, 의결권행사약정 위반
관련 규정	유가증권시장 상장규정 제48조, 제58조, 제72조 코스닥시장 상장규정 제38조, 제41조 코넥스시장 상장규정 제28조 제1항
규제 적용 대상	기업